標準論理国語

学習課題集

第一学習社

はしがき

本書は、「標準論理国語」教科書に完全準拠した学習課題集です。教科書採録の教材について、実際に書き込む作業を通して内容を理解していくことができるようにしました。予習・復習のための自学・自習用のサブノートとしてはもちろん、授業の併用教材としても十分に役立つよう、要点を押さえた編集をしました。

◆本書の構成と内容

本書は、「理解編Ⅰ」「理解編Ⅱ」「表現編」「付録」の四部構成です。また、各教材は、次のような内容から構成されています。

◇教材を学ぶ観点を知る

①**学習目標**　各教材に設置し、その教材で何を学ぶのかを見通せるようにしました。

②**評価の観点**　「漢字」や「内容の理解」などコーナーごとに、評価の観点（「知識・技能」「思考力・判断力・表現力」）を置き、身につける内容を示しました。

◇基礎的な力を養い、教材を読解する

③**漢字・語句**（理解編）、**文章構成の型・主な接続の方法と種類**（付録）　国語の学習全般で必要な、漢字・語句の読みや意味、文章の構成・接続の種類などを確認できるようにしました。

④**論理の把握・要旨**　意味段落をベースに、本文

使い方のポイント

理解編

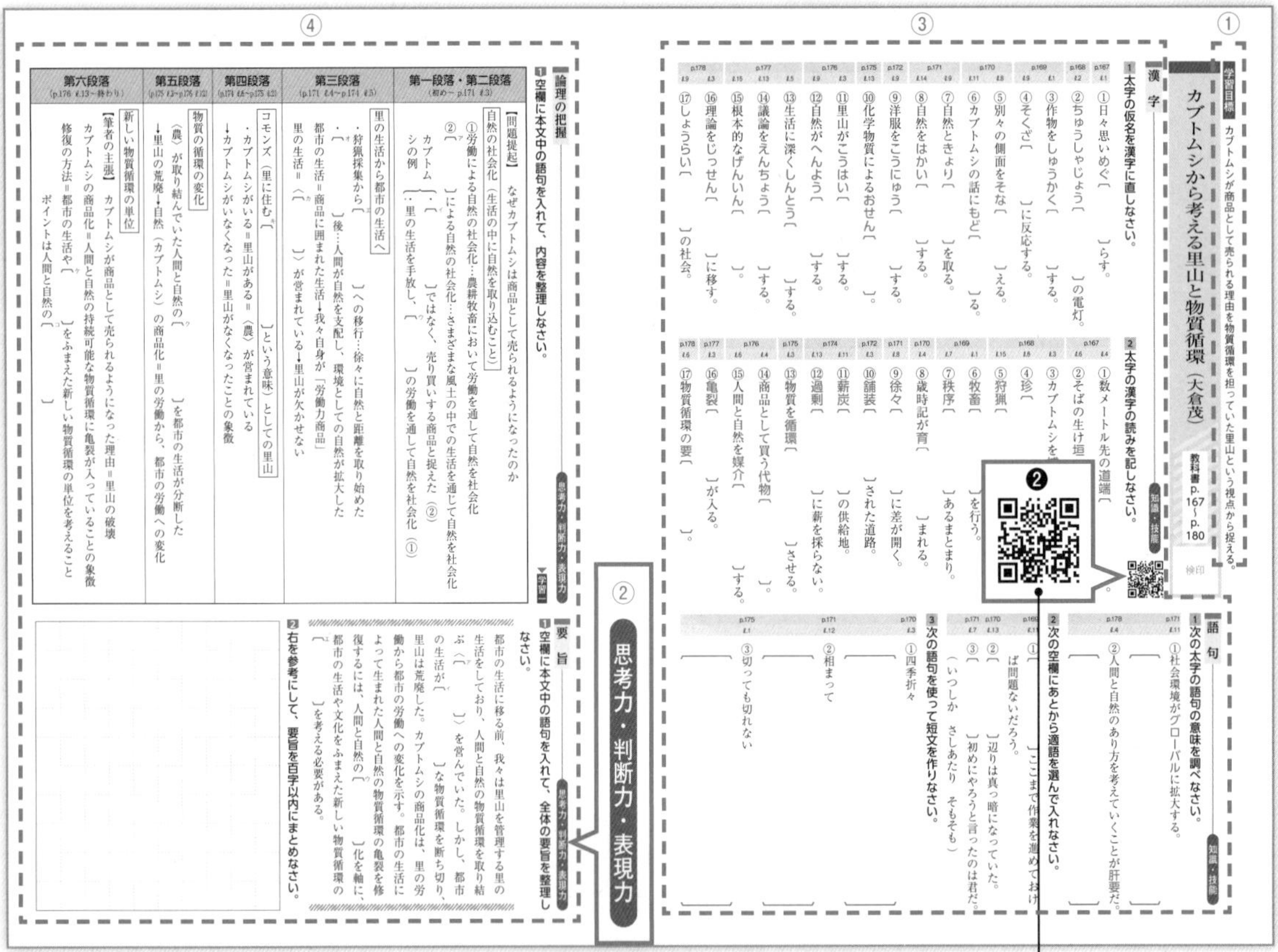

自学自習のためのウェブコンテンツを用意しました。各教材ページと目次に設けた二次元コードを読み込むことで利用できます。
各教材ページ…その教材ごとのコンテンツにジャンプします。
目次ページ…コンテンツの一覧画面にジャンプします。
※利用に際しては、一般に、通信料が発生します。

の内容や論展開、要旨を整理したものを用意しました。要点となる箇所を埋めていく空欄補充形式で、本文全体の構成や展開、内容を把握することができます。

⑤内容の理解　客観問題と記述問題とをバランスよく用意し、本文読解にあたって、重要な点を押さえられるようにしました。

◇教科書の学習と関連づける

⑥帯　「漢字・語句」の上部に教科書の本文掲載ページ・行を示す帯、「内容の理解」の上部に意味段落を示す帯を付け、教科書と照合しやすくしました。

⑦脚問・学習　教科書の「脚問」「学習の手引き」と関連した問いの下部に、アイコン（▼脚問1）を付けました。

◆本書の特色

❶新傾向問題　「内容の理解」で、最近の入試傾向をふまえ、会話形式や条件付き記述などの問いを、適宜設定しました。

❷ウェブコンテンツ　「理解編」の漢字の設問を、ウェブ上で繰り返し取り組めるように、二次元コードを設置しました。

❸付録　文章構成の型や、文と文とを接続する方法とその種類について確認できる問題を用意しました。

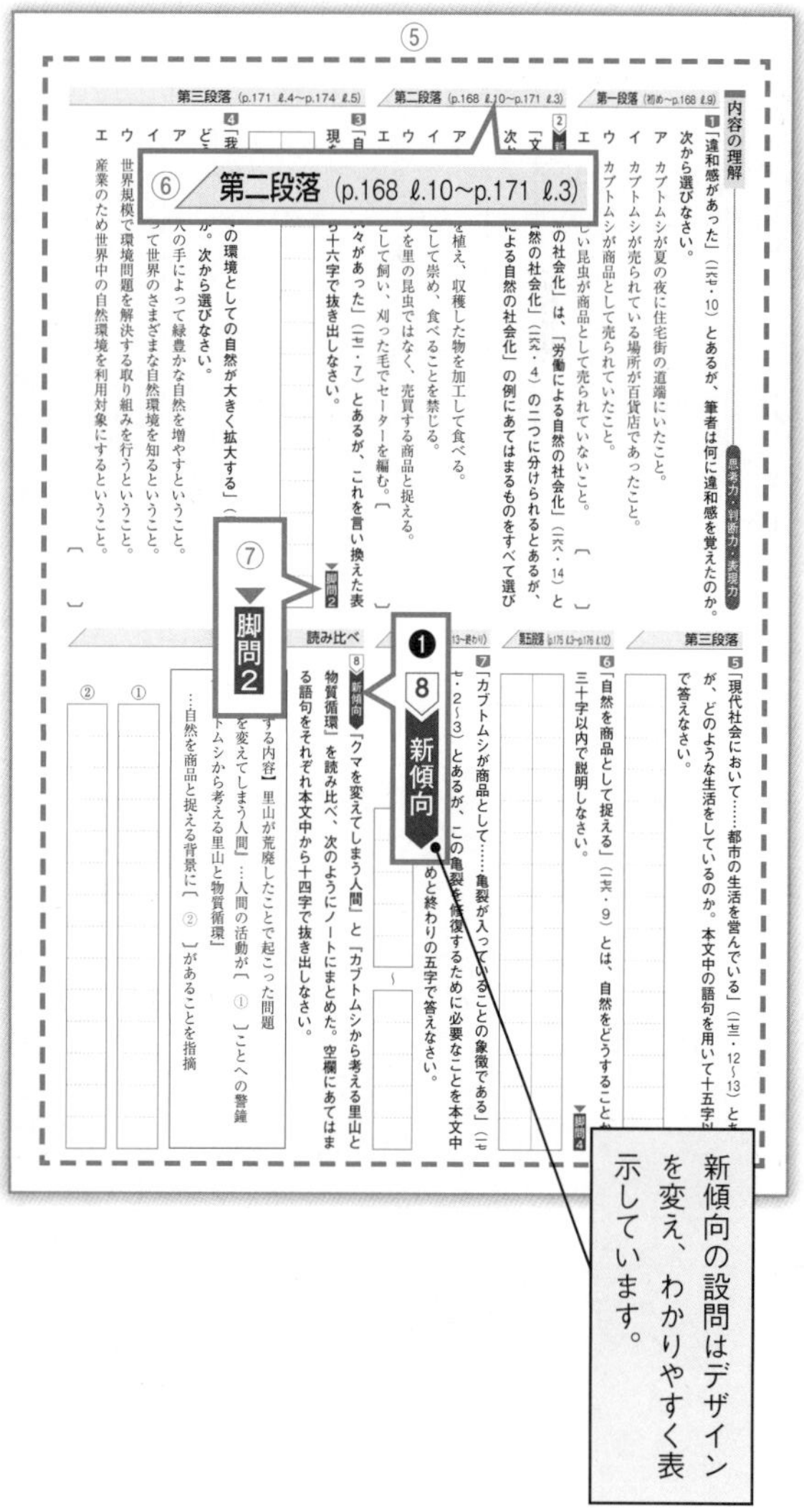

新傾向の設問はデザインを変え、わかりやすく表示しています。

付録

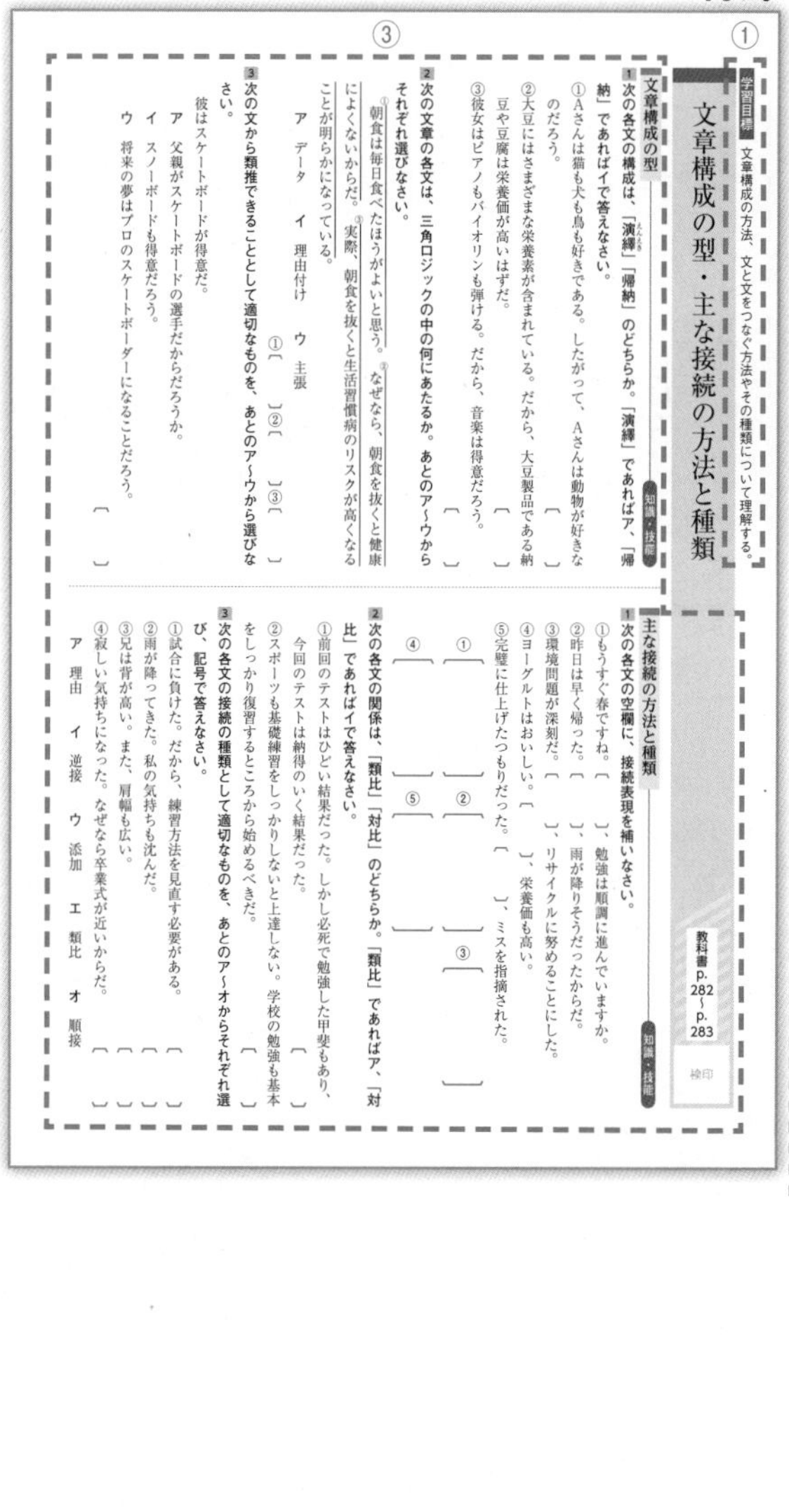

目次

理解編 I

理解編 II

プラスウェブ

下にある二次元コードから、ウェブコンテンツの一覧画面に進むことができます。

https://dg-w.jp/b/4cd0001

学習目標　生物が進化を遂げてきた背景について、「ニッチ」をめぐる争いという視点から捉える。

進化が導き出した答え（稲垣栄洋）

教科書p.12～p.19

検印

漢字

知識・技能

1 太字の仮名を漢字に直しなさい。

① 二種類が**きそ**〔　　〕い合う。（p.12 ℓ.2）
② **きび**〔　　〕しい掟がある。（ℓ.4）
③ 自然界に**そんざい**〔　　〕しない。（ℓ.6）
④ 自然界を**みわた**〔　　〕す。（ℓ.8）
⑤ 生き物たちが**く**〔　　〕らす。（ℓ.9）
⑥ 水槽の**そこ**〔　　〕にいる。（p.13 ℓ.3）
⑦ 実現するのは**やさ**〔　　〕しい。（ℓ.15）
⑧ **はんい**〔　　〕を小さくする。（p.14 ℓ.4）
⑨ **かたほう**〔　　〕のチーム。（ℓ.9）
⑩ **だれ**〔　　〕よりも覚える。（ℓ.12）
⑪ 争いを**く**〔　　〕り広げる。（p.15 ℓ.9）
⑫ 逆境を**こくふく**〔　　〕する。（p.16 ℓ.1）
⑬ 季節の植物や**こんちゅう**〔　　〕。（ℓ.13）
⑭ 生物で**う**〔　　〕め尽くされる。（p.17 ℓ.4）
⑮ **たんさいぼう**〔　　〕生物の進化。（ℓ.5）
⑯ **つね**〔　　〕に変化する。（ℓ.10）
⑰ オプションを**ため**〔　　〕す。（ℓ.13）

2 太字の漢字の読みを記しなさい。

① 一つの**水槽**〔　　〕に入れる。（p.12 ℓ.1）
② **滅**〔　　〕びるまで争う。（ℓ.2）
③ ゾウリムシの**餌**〔　　〕。（p.13 ℓ.2）
④ **酵母菌**〔　　〕を餌にする。（ℓ.3）
⑤ 野球の**強豪**〔　　〕チーム。（p.14 ℓ.6）
⑥ ナンバー1の**維持**〔　　〕。（ℓ.7）
⑦ **隙間**〔　　〕にある市場。（ℓ.15）
⑧ ニッチを**侵**〔　　〕す生物。（p.15 ℓ.7）
⑨ **威勢**〔　　〕のいい返事。（ℓ.12）
⑩ エネルギーを**費**〔　　〕やす。（p.16 ℓ.1）
⑪ ニッチを**軸足**〔　　〕にする。（ℓ.6）
⑫ 進化を**遂**〔　　〕げる。（ℓ.15）
⑬ **哺乳類**〔　　〕の世界。（p.18 ℓ.1）
⑭ 進化の過程の**分岐**〔　　〕。（ℓ.4）
⑮ **双生児**〔　　〕の遺伝子型。（ℓ.7）
⑯ **全**〔　　〕く同じにならない。（ℓ.9）
⑰ ミミズや**芋虫**〔　　〕。（ℓ.12）

語句

知識・技能

1 次の太字の語句の意味を調べなさい。

① **当たって砕けろ**と威勢のいいことを言う。（p.15 ℓ.11）
〔　　　　〕
② 私たちにとっても**示唆に富む**話だ。（p.17 ℓ.2）
〔　　　　〕
③ 兄弟姉妹で**骨肉の争い**が起こる。（ℓ.9）
〔　　　　〕

2 次の空欄に漢字を入れて四字熟語を完成させなさい。

① 多種〔　〕〔　〕（p.17 ℓ.4）
② 唯〔　〕無〔　〕（p.18 ℓ.12）

3 次の語句を使って短文を作りなさい。

① 鉄則（p.12 ℓ.1）
〔　　　　〕
② 並大抵（p.13 ℓ.14）
〔　　　　〕
③ ひと握り（p.14 ℓ.1）
〔　　　　〕

論理の把握

1 空欄に本文中の語句を入れて、内容を整理しなさい。

思考力・判断力・表現力　▼学習一

第一段落 （初め～p.13 ℓ.11）	第二段落 （p.13 ℓ.12～p.15 ℓ.4）	第三段落 （p.15 ℓ.5～p.17 ℓ.3）	第四段落 （p.17 ℓ.4～終わり）
◎ナンバー1しか生きられないのが〔ア　　〕 〈ゾウリムシの実験〉水槽の上…〔イ　　〕を餌／水槽の底…〔ウ　　〕を餌 ｝ ナンバー1を分け合うことで共存を果たす ← ナンバー1になれる場所＝ニッチ＝その生物だけの場所 ↓すべての生物はナンバー1であると同時に〔エ　　〕でもある ▼ニッチを見いだせなかった生物は滅ぶ↓自然界はニッチをめぐる争い	◎どのようにニッチを見いだすのか。ナンバー1になるにはどうすればよいのか。 〈野球の場合〉 ・世界↓日本↓都道府県…のように〔オ　　〕を小さくする ・得意分野で勝負するなど〔カ　　〕を小さく細かく区切る ▼すべての生物はニッチを細分化し、分け合うことで小さなニッチを守っている	◎一つのニッチには、一つの生物しか生存できない しかし必ずしも一つのニッチで激しい競争が繰り広げられているわけではない 〈生物の世界〉…競争に負ける＝この世からの〔キ　　〕＝負けたら終わり ↓〈戦略〉できる限り「戦わない」 ↓自分のニッチを軸足にして、近い環境や条件でナンバー1になる場所を探す つまり「ずらす戦略」＝〔ク　　〕を用いてニッチを確保 ▼生物は、ニッチをずらし分け合いながら進化を遂げてきた	◎地球にはさまざまな環境があり、それは常に変化する ・生物は多くの〔ケ　　〕を試すように共通の祖先から分岐↓多様になった ・同じ顔、性格、能力の人はいない＝同じ〔コ　　〕は存在しない ▼すべての人は、生物と同様にオンリー1の存在

要旨

1 空欄に本文中の語句を入れて、全体の要旨を整理しなさい。

思考力・判断力・表現力

〔ア　　〕しか生きられない自然界では、常にニッチをめぐる争いがある。生物たちはニッチを〔イ　　〕して他の生物と分け合ったり、他の生物と争わないよう〔ウ　　〕という「ずらす戦略」を行ったりすることで進化を遂げ、多種多様になっていったのである。また地球には、常に変化するさまざまな〔エ　　〕がある。生物はどうやって生きていくのか正解がないまま、多くの〔オ　　〕を試すように共通の祖先から分かれ続けてきたのである。

2 右を参考にして、要旨を百字以内にまとめなさい。

内容の理解

第一段落（初め～p.13 ℓ.11）

1 「不思議なこと」（一三・7）のさす内容とは何か。そのことを次のように説明したとき、空欄にあてはまる言葉を三十字以内で答えなさい。　思考力・判断力・表現力　▼脚問1

ナンバー1しか生き残れないとすれば、地球にはただ一種の生き物しか存在しないはずなのに、〔　　　　〕ということ。

2 新傾向　「二種類のゾウリムシが共存する結果」（一三・1）となった理由をノートにまとめた。空欄にあてはまる語句を本文中から抜き出しなさい。

〈ゾウリムシの実験〉

一種のゾウリムシ	もう一種のゾウリムシ
水槽の上でA〔　　〕を餌にする	水槽の底でB〔　　〕を餌にする

⇩

C〔　　　　〕ことができた

第二段落（p.13 ℓ.12～p.15 ℓ.4）

3 「どのようにすれば、ニッチを見いだすことができるだろうか。」（一三・12）とあるが、この問いに対する答えは何か。次から選びなさい。

ア　同じニッチを争う生物と常に生存競争を繰り返してチャンスを得る。

イ　自分のニッチの範囲や条件を小さく細かく区切ってチャンスを待つ。

ウ　短期間で様々なニッチを移り変わっていきチャンスを見きわめる。

エ　なるべく大きな範囲のニッチを見つけて占有することでチャンスを確保する。

〔　　〕

第三段落（p.15 ℓ.5～p.17 ℓ.3）

4 他の生物と「ニッチが重なるとき」（一五・6）や、「新たな生物がニッチを侵してくる」（一五・7）場合、生物はどうするのか。あてはまるものには○、あてはまらないものには×で答えなさい。

ア　一つのニッチで複数の生物が争うことなく共存する。〔　　〕

イ　なるべく相手と「戦わない」という戦略を選択する。〔　　〕

ウ　自分のニッチに近い条件や環境を探してシフトする。〔　　〕

エ　ニッチを本能的に諦めて緩やかな絶滅を受け入れる。〔　　〕

5 「人間が威勢のいいことを言えるのは、人間は負けても大丈夫な環境にいるからだ。」（一五・12～13）とあるが、人間以外の生物にとって「負ける」とはどういうことか。そのことが述べられた部分を、本文中から十三字で抜き出しなさい。

6 生物が「できる限り『戦わない』」（一六・3）という戦略を用いる理由として、適切でないものを次から選びなさい。

ア　戦うことで、敗者だけでなく勝者もダメージを受けるから。

イ　むやみに戦って負ければ、生物は滅んでしまうから。

ウ　環境の変化に対応するためのエネルギーの消費を防ぐため。

エ　戦いを避け続けることで、ナンバー2として生き残ることができるから。

〔　　〕

第四段落（p.17 ℓ.4～終わり）

7 何が「不思議である」（一七・4～5）のか。そのことを次のように説明したとき、空欄にあてはまる言葉を本文中から二十七字で抜き出し、初めと終わりの五字で答えなさい。　▼脚問3

〔　　〕にもかかわらず、地球上を一種の生物が占有することなく、自然界は多種多様な生物たちで埋め尽くされていること。

〔　　　　　〕～〔　　　　　〕

学習目標　オーサグラフ地図の特徴を整理し、筆者が述べる「新しい世界観」とはどのようなものかを読み取る。

新しい地球観（毛利衛）

教科書 p.20～p.28

検印

漢字

1 太字の仮名を漢字に直しなさい。

① 七十億人を**とっぱ**〔　　〕する。（p.20 ℓ.3）
② 人口**ばくはつ**〔　　〕の問題。（p.20 ℓ.3）
③ エネルギー**しげん**〔　　〕。（p.20 ℓ.4）
④ 宇宙から見た**こうけい**〔　　〕。（p.21 ℓ.4）
⑤ **かちかん**〔　　〕を変える。（p.21 ℓ.7）
⑥ 事実と**そうい**〔　　〕する。（p.21 ℓ.9）
⑦ **れきし**〔　　〕を振り返る。（p.23 ℓ.1）
⑧ **とくちょう**〔　　〕のある地図。（p.23 ℓ.4）
⑨ 面積が**かくだい**〔　　〕される。（p.23 ℓ.5）
⑩ 太平洋を**こうかい**〔　　〕する。（p.23 ℓ.11）
⑪ 時代**はいけい**〔　　〕を考える。（p.23 ℓ.14）
⑫ 見方を**こていか**〔　　〕する。（p.24 ℓ.14）
⑬ **りてん**〔　　〕がある。（p.25 ℓ.9）
⑭ 科学**じょうほう**〔　　〕誌。（p.25 ℓ.14）
⑮ 地図を**さいよう**〔　　〕する。（p.27 ℓ.5）
⑯ 地理の**せんもんか**〔　　〕。（p.27 ℓ.7）
⑰ **ていこうかん**〔　　〕を持つ。（p.27 ℓ.7）

2 太字の漢字の読みを記しなさい。　知識・技能

① 密接に**絡**〔　　〕む。（p.20 ℓ.4）
② 生存を**脅**〔　　〕かす。（p.20 ℓ.5）
③ **苛酷**〔　　〕な現実。（p.20 ℓ.9）
④ 利害を**超**〔　　〕えた話し合い。（p.21 ℓ.5）
⑤ 伝統を**築**〔　　〕く。（p.21 ℓ.8）
⑥ 新製品を**考案**〔　　〕する。（p.23 ℓ.1）
⑦ **緯線**〔　　〕と経線。（p.23 ℓ.3）
⑧ 形が**肥大**〔　　〕化する。（p.23 ℓ.6）
⑨ 面積比を正確に**保**〔　　〕つ。（p.24 ℓ.1）
⑩ 平面に**投影**〔　　〕する。（p.24 ℓ.1）
⑪ **縦横**〔　　〕に並べる。（p.24 ℓ.3）
⑫ **継**〔　　〕ぎ目がない。（p.24 ℓ.4）
⑬ 南北が**逆**〔　　〕さまに描かれる。（p.24 ℓ.15）
⑭ **過**〔　　〕ちをもたらす。（p.25 ℓ.5）
⑮ 未来を**担**〔　　〕う子供たち。（p.25 ℓ.10）
⑯ 体力を**培**〔　　〕う。（p.25 ℓ.11）
⑰ 視点の**転換**〔　　〕。（p.27 ℓ.10）

語句

1 次の太字の語句の意味を調べなさい。　知識・技能

① **明日の命も知れない**日々を送っている人々。（p.20 ℓ.8）
〔　　〕
② 思いを一つにする**手掛かり**がある。（p.21 ℓ.10）
〔　　〕
③ 新しい地図を使った**プロジェクト**に取り組む。（p.21 ℓ.12）
〔　　〕
④ 未来の**ビジョン**を作り上げる。（p.25 ℓ.15）
〔　　〕

2 次の語句を使って短文を作りなさい。

① あえて（p.21 ℓ.1）
〔　　〕
② 必ずしも（p.23 ℓ.9）
〔　　〕
③ 見分けがつく（p.24 ℓ.13）
〔　　〕

論理の把握

1 空欄に本文中の語句を入れて、内容を整理しなさい。　思考力・判断力・表現力　▼学習一

第一段落（初め～ p.21 ℓ.11）	第二段落（p.21 ℓ.12～p.24 ℓ.7）	第三段落（p.24 ℓ.8～終わり）
二十世紀後半、月まで行った人類は、自分たちが「宇宙船地球号」の乗組員だと知った。 ←その後 乗組員の数は増え、〔ア〕の問題が起こり、人類自体の〔イ〕を脅かすような〔ウ〕な現実が迫っている。 ←人間がこれからも生き延びるためには 〔エ〕中心の〔オ〕を変え、「〔カ〕」として思いを一つにする必要がある ←そのためには 〔キ〕や〔ク〕の相違を超えて多くの人が〔ケ〕することに目を向けることが必要だ。	世界地図には、それを作り出す人の持つ〔コ〕や制作〔サ〕、考案されたときの〔シ〕が映り込む。 ［鳴川肇さんの作ったオーサグラフ地図の特徴］ ・地球の表面を陸地と海洋の面積比をほぼ正確に保って平面に投影している ・地球全体が〔ス〕につながっている	世界地図は、それを見る人の世界の〔セ〕を形作り〔ソ〕化する。 ←［オーサグラフ地図を使ったプロジェクトのミッション］ ・地球と人類、そして生命についての〔タ〕を深め、未来の〔チ〕を作り上げること ・「生命のつながり」を一人一人が〔ツ〕し、地球の〔テ〕のために、今何をなすべきかをともに考えること

要旨

1 空欄に本文中の語句を入れて、全体の要旨を整理しなさい。　思考力・判断力・表現力

人口爆発によって、人類自体の〔ア〕が脅かされている。人間が生き延びるには従来の〔イ〕を変え、「人類」として思いを一つにすることが必要だ。オーサグラフ地図は、〔ウ〕が連続的につながっている。私は新しい〔エ〕・〔オ〕に立って「生命のつながり」を〔カ〕し、〔キ〕するために、この地図を使ったプロジェクトに取り組んでいる。地球と人類の〔ク〕のために、今何をなすべきかをともに考えたいからだ。

2 右を参考にして、要旨を百字以内にまとめなさい。

内容の理解

第一段落（初め～p.21 ℓ.11）

思考力・判断力・表現力

1 「たとえ現実から離れているように聞こえるとしても、私はあえて『人類』と言いたいと思うのです」（二一・1）とあるが、「私はあえて『人類』と言いたい」のはなぜか。本文中の語句を用いて答えなさい。 ▼脚問3

2 「宇宙から国境線は見えなかった」（二一・3）という筆者の言葉には、どういう思いがこめられていたのか。本文中から三十五字で抜き出し、初めと終わりの五字で答えなさい。

～

第二段落（p.21 ℓ.12～p.24 ℓ.7）

3 「世界地図には、それを作り出す人の持つ世界観や制作意図、考案されたときの時代背景が映り込むものです」（二三・13）とあるが、メルカトル地図が考案された時の時代背景とその地図の特徴について説明した次の文章の空欄に入る語句を本文中から抜き出しなさい。 ▼学習二

メルカトル地図が作られた当時は、ヨーロッパ諸国がアフリカ大陸やアメリカ大陸を植民地化していく【 A 】であった。メルカトル地図は、緯線と経線が直交していて、【 B 】をつかみやすいため、植民地が多くあった赤道付近や【 C 】付近を正確に描くためにも使われた。

A

B

C

4 オーサグラフ地図から、筆者はどんなメッセージを受け取っているのか。本文中から二十字以内で抜き出しなさい。

第二段落（p.21 ℓ.12～p.24 ℓ.7）

5 新傾向 22ページのオーサグラフ地図、26ページの世界地図①、②について、それぞれの地図を見てわかることを次から一つずつ選びなさい。

ア 太平洋の島々に細かい記載があり、大陸内が色で区分けされている。

イ 宇宙から見る地球を正確に再現し、視点の違いで中心が変わる。

ウ 中心となる部分が一定でなく、緯線と経線が直交していない。

エ アフリカやヨーロッパ大陸が中心で、大陸ごとに色分けされている。

オーサグラフ地図【　】 世界地図①【　】 世界地図②【　】

6 各国で作られる地図が、「自国中心の考え方」（二五・4）と結びつくのはなぜか。本文中の語句を用いて答えなさい。 ▼脚問4

第三段落（p.24 ℓ.8～終わり）

7 オーサグラフ地図の欠点を、本文中の語句を用いて答えなさい。 ▼学習二

8 筆者はオーサグラフ地図を使ったプロジェクトにどのような使命感を持って取り組んでいるのか。それがわかる一文を本文中から抜き出し、初めと終わりの五字で答えなさい。

～

9 「視点の転換」（二七・10）とは、どういう転換か。本文中の語句を用いて具体的に答えなさい。 ▼脚問7

学習目標 具体例で示された内容をふまえ、日本語のものの数え方の特徴を理解する。

数え方で磨く日本語（飯田朝子）

教科書p.30～p.39

検印

漢字

1 太字の仮名を漢字に直しなさい。

①豆を**ひとつぶ**〔　　〕落とす。（p.30 ℓ.3）
②たくさん**しゅるい**〔　　〕がある。（ℓ.5）
③**ようち**〔　　〕園の先生。（p.31 ℓ.1）
④「なぞなぞ」の**せいかい**〔　　〕。（ℓ.7）
⑤**そうぞう**〔　　〕もしていない。（p.32 ℓ.2）
⑥数える**たいしょう**〔　　〕。（ℓ.9）
⑦文脈や**じょうきょう**〔　　〕。（p.33 ℓ.1）
⑧**せんさい**〔　　〕な「鏡」と言える。（ℓ.11）
⑨**するど**〔　　〕い捉え方をする。（p.34 ℓ.1）
⑩**ほうふ**〔　　〕な数え方がある。（ℓ.6）
⑪**けいこう**〔　　〕が強い。（p.35 ℓ.2）
⑫不足する情報を**おぎな**〔　　〕う。（ℓ.4）
⑬**きっぷ**〔　　〕を買う。（p.36 ℓ.2）
⑭**しょうりゃく**〔　　〕できる。（ℓ.4）
⑮**えいよう**〔　　〕ドリンク。（p.37 ℓ.6）
⑯薄型**えきしょう**〔　　〕テレビ。（ℓ.7）
⑰**かいが**〔　　〕のような気品。（ℓ.9）

2 太字の漢字の読みを記しなさい。 知識・技能

①**慌**〔　　〕てて落とす。（p.30 ℓ.3）
②**振**〔　　〕り返ってみる。（ℓ.8）
③ぞうりを**履**〔　　〕く。（p.31 ℓ.11）
④**不思議**〔　　〕な感じ。（ℓ.11）
⑤**興味**〔　　〕を持つ。（p.32 ℓ.1）
⑥**適切**〔　　〕な数え方。（ℓ.6）
⑦漁の**獲物**〔　　〕を数える。（p.33 ℓ.5）
⑧商品が**売買**〔　　〕される。（ℓ.13）
⑨鏡を**磨**〔　　〕く。（p.34 ℓ.1）
⑩**多彩**〔　　〕な数え方。（ℓ.1）
⑪**偏**〔　　〕りが出る。（ℓ.7）
⑫様子が目に**浮**〔　　〕かぶ。（p.35 ℓ.10）
⑬**改札**〔　　〕機に入れる。（ℓ.14）
⑭答えに**戸惑**〔　　〕う。（p.36 ℓ.9）
⑮生活に**不便**〔　　〕を感じる。（p.37 ℓ.2）
⑯**気品**〔　　〕あるたたずまい。（ℓ.9）
⑰文化の中で**育**〔　　〕む。（ℓ.13）

語句

1 次の太字の語句の意味を調べなさい。 知識・技能

①**文脈**に応じて数え方が変化する。（p.33 ℓ.1）〔　　〕
②日常生活に**浸透**する。（p.35 ℓ.9）〔　　〕
③気品あるたたずまいを想像させる。（p.37 ℓ.9）〔　　〕

2 次のものの数え方を後の語群から選びなさい。

①たんす〔　　〕
②家〔　　〕
③靴〔　　〕
④パン〔　　〕

（一軒　一斤　一足　一竿《ひとさお》）

3 次の語句を使って短文を作りなさい。

①やはり（p.37 ℓ.2）〔　　〕
②ましてや（ℓ.12）〔　　〕

論理の把握

思考力・判断力・表現力

1 空欄に本文中の語句を入れて、内容を整理しなさい。

第一段落（初め～ p.32 ℓ.5）	第二段落（p.32 ℓ.6～p.34 ℓ.2）	第三段落（p.34 ℓ.3～p.35 ℓ.10）	第四段落（p.35 ℓ.11～p.37 ℓ.10）	第五段落（p.37 ℓ.11～終わり）
幼稚園時代……先生が出した「なぞなぞ」をきっかけに、数えるものによって〔ア　〕が違うということに気がついた。 ← 大人になって……日本語のものの〔イ　〕を調べてみると、おもしろく奥が深いことにだんだん気がついてきた。	日本語では、適切な数え方を使うことで、数えるものがどんな〔ウ　〕にあるのかを示すことができる。 ← 日本語の助数詞は、話し手や書き手が数える〔エ　〕をどのように捉えているかを映し出す繊細な〔オ　〕とも言える。	言語によって、豊富な数え方があるものとないものとがあり、東・東南〔カ　〕の言語は数え方が豊富だ。 ↓ 豊富な数え方がある言語には、「三〔キ　〕特徴」と言える共通点がある。	数え方の情報さえあれば、数えるものの名前が出てこなくても何を数えているのかがわかることがある。広告の〔ク　〕などは、この性質を利用して作られている。	〔ケ　〕は、日本語を話す人たちが文化の中で育んできたものだ。数え方という仕組みを上手に使うことによって、日本語は想像していた以上に相手に〔コ　〕を伝える力を持つことができる。 ←そのためには 意識して〔サ　〕を使うことが大切だ。

要旨

思考力・判断力・表現力

1 空欄に本文中の語句を入れて、全体の要旨を整理しなさい。

日本語のものの数え方は奥が深い。適切な助数詞を使うことで、数えるものの〔ア　〕を表すことができ、話し手や書き手が数える〔イ　〕をどう捉えているのかを映し出す〔ウ　〕になる。助数詞は東・東南〔エ　〕の言語に多いという。数え方の情報があれば、数えるものの〔オ　〕を省ける場合があり、広告の〔カ　〕などに利用される。数え方を上手に使うことで、日本語は想像以上に相手に情報を伝える力を持つので、意識して使うことが大切だ。

2 右を参考にして、要旨を百字以内にまとめなさい。

内容の理解

思考力・判断力・表現力

第一段落（初め～p.32 ℓ.5）

1 「幼稚園の先生がこんな『なぞなぞ』を出してくれたことがあった」（三一・3）とあるが、先生がこのような「なぞなぞ」を出した意図として適当だと考えられるものを、次から選びなさい。

ア 「なぞなぞ」として楽しませながら、ものによって数え方が違うことを、園児に気づかせたい。

イ 「なぞなぞ」として楽しませながら、答えるときに他人の前で大きな声を出すことを、園児に練習させたい。

ウ 同じ「ゾウ」でも、象と雑巾と草履では数え方が違うことを知ったら、園児がどう反応するかを見たい。

エ 同じ「ゾウ」でも、象と雑巾と草履では数え方が違うということを、園児にしっかり学ばせたい。

〔　　〕

2 「この特徴」（三二・9）とは、どのような特徴か。本文中の語句を用いて答えなさい。

〔　　　　　　　　〕

第二段落（p.32 ℓ.6～p.34 ℓ.2）

3 新傾向 次は、ある生徒が「朝食に、鮭《さけ》を一切れ食べました。／お歳暮に、鮭を二本いただきました。／産卵のために、川を上る鮭が三匹見えました。」（三三・11～13）という例からわかることをノートにまとめたものである。空欄にあてはまる語を、あとのア～エから選びなさい。

> 数え方には、話し手や書き手が数える〔　①　〕をどのように〔　②　〕いるのか、そしてその〔　①　〕がどのような〔　③　〕にあるのかを表す役割があることがわかる。

ア 対象　イ 状態　ウ 捉えて　エ 数えて

①〔　　〕②〔　　〕③〔　　〕

第三段落（p.34 ℓ.3～p.35 ℓ.10）

4 「このような偏り」（三四・7）とは、どのような偏りか。次から選びなさい。 ▼脚問4

ア 日本のような数え方のシステムを持つ言語は、ヨーロッパには少なく、東・東南アジアに多いという偏り。

イ 言語によって、数え方のシステムが豊富であったり、豊富でなかったりするという偏り。

ウ ヨーロッパだけに数え方のシステムを持たない言語が集中しているという偏り。

エ 豊富な数え方を必要とする言語にのみ、ある独特な性質が見いだせるという偏り。

〔　　〕

5 「数え方にさまざまな情報を含めて不足している情報を補っています」（三五・3）とあるが、これは具体的に何をすることで表現できるのか。第三段落の中から十字以内で抜き出しなさい。

第四段落

6 「よく駅で耳にするアナウンス」（三五・13）の例は、数え方のどのような性質を説明するためにあげられているか。本文中の語句を用いて答えなさい。

〔　　　　　　　　〕

第五段落（p.37 ℓ.11～終わり）

7 「数え方という仕組みを上手に使う」（三七・15）ためには、どうすることが大切だと筆者は述べているか。解答欄に合う形で本文中から十五字程度で抜き出しなさい。

こと。

名所絵はがきの東西（高階秀爾）

学習目標 絵はがきの例を中心に、筆者の述べる東西の自然観の違いを理解する。

教科書 p.40～p.48

検印

漢字

1 太字の仮名を漢字に直しなさい。

① (p.40 ℓ.1) 名所**きゅうせき**〔　〕を訪れる。
② (p.40 ℓ.3) **きちょう**〔　〕な資料。
③ (p.40 ℓ.9) 細かい**そうしょく**〔　〕。
④ (p.41 ℓ.2) 絵はがきの**いりょく**〔　〕。
⑤ (p.41 ℓ.8) 正面に**てんかい**〔　〕する景色。
⑥ (p.41 ℓ.9) 教会の**ちょうこく**〔　〕の像。
⑦ (p.41 ℓ.10) 建物を**しゅうふく**〔　〕する。
⑧ (p.41 ℓ.12) **へきが**〔　〕が描かれている。
⑨ (p.41 ℓ.12) 教会の**さいだん**〔　〕。
⑩ (p.43 ℓ.2) **さいぶ**〔　〕を観察する。
⑪ (p.43 ℓ.6) 絶好の**きかい**〔　〕を逃す。
⑫ (p.44 ℓ.1) 敵を**あっとう**〔　〕する。
⑬ (p.44 ℓ.4) **みっせつ**〔　〕に結びつく。
⑭ (p.44 ℓ.9) **ばんねん**〔　〕の作品。
⑮ (p.45 ℓ.4) 時間が**けいか**〔　〕する。
⑯ (p.45 ℓ.12) 品質を**ほしょう**〔　〕する。
⑰ (p.46 ℓ.9) **えんきん**〔　〕法を用いる。

2 太字の漢字の読みを記しなさい。 知識・技能

① (p.40 ℓ.5) **街角**〔　〕の話題。
② (p.40 ℓ.5) **土産**〔　〕物を売る店。
③ (p.41 ℓ.6) **由緒**〔　〕ある神社。
④ (p.41 ℓ.7) **特筆**〔　〕すべき美しさ。
⑤ (p.41 ℓ.9) **華麗**〔　〕に舞う。
⑥ (p.41 ℓ.9) 次々に**傑作**〔　〕を生む。
⑦ (p.41 ℓ.15) 教会の造営に**携**〔　〕わる。
⑧ (p.43 ℓ.3) 値段を**抑**〔　〕える。
⑨ (p.43 ℓ.5) 事の**次第**〔　〕を話す。
⑩ (p.43 ℓ.10) 対象を正面から**捉**〔　〕える。
⑪ (p.43 ℓ.14) 白一色〔　〕に覆われる。
⑫ (p.44 ℓ.2) 障害物を**排除**〔　〕する。
⑬ (p.44 ℓ.7) **浮世絵**〔　〕の名作。
⑭ (p.44 ℓ.8) **事情**〔　〕は明らかだ。
⑮ (p.44 ℓ.11) 図書の**版元**〔　〕。
⑯ (p.44 ℓ.15) **七夕**〔　〕祭り。
⑰ (p.45 ℓ.9) 一切を**忘却**〔　〕する。

語句

1 次の太字の語句の意味を調べなさい。 知識・技能

① (p.40 ℓ.6) 町の主要な観光スポットは**見当がつく**。
〔　〕
② (p.41 ℓ.15) 職人たちの**遊び心**もうかがわれる。
〔　〕
③ (p.44 ℓ.9) **文字どおり**江戸の名所を版行した。
〔　〕

2 次の語句を使って短文を作りなさい。

① (p.41 ℓ.10) 名高い
〔　〕
② (p.43 ℓ.2) もどかしさ
〔　〕
③ (p.46 ℓ.7) 明け暮れ
〔　〕

論理の把握

1 空欄に本文中の語句を入れて、内容を整理しなさい。　思考力・判断力・表現力

第一段落（初め～ p.43 ℓ.5）	第二段落（p.43 ℓ.6～p.44 ℓ.3）	第三段落（p.44 ℓ.4～p.45 ℓ.13）	第四段落（p.45 ℓ.14～終わり）
初めての場所や名所旧跡を訪れると、必ず絵はがきを買う。 **理由**　〔ア　〕の意味もあるが、絵はがきはさまざまな〔イ　〕を伝えてくれる貴重な〔ウ　〕となるから。 **具体例**　絵はがきを見れば、町の主要な観光スポットは見当がつき、教会堂のような巨大な建造物の細かい〔エ　〕などもよくわかる。	西欧の名所絵はがき…余計なものは切り捨て、〔オ　〕そのものを〔カ　〕から画面いっぱいに捉えている。 ⇔ 日本の観光絵はがき…周囲の〔キ　〕と一体になった〔ク　〕をモチーフとしたものが多い。	「名所」についての考え方、自然観の違い ・日本人にとって名所とは、〔ケ　〕と一体になったものであり、〔コ　〕する時間と一つになった場所である。 ・西欧のモニュメントは、自然の変化や時間の経過を超えて〔サ　〕するものを目ざして造られ、〔シ　〕の継承のための装置として容易に失われない堅牢な〔ス　〕の建造物になっている。	都市作りのあり方の違い ・西欧のモニュメントは、町のランドマークとしての〔セ　〕も果たす。 ・日本において都市のランドマークとなるのは、やはり〔ソ　〕である。 →このように浮世絵や観光名所絵はがきは、東と西の〔タ　〕や美意識の違いを物語っていると言える。

要旨

1 空欄に本文中の語句を入れて、全体の要旨を整理しなさい。　思考力・判断力・表現力

西欧の名所絵はがきは対象を画面いっぱいに捉えているが、日本のものは周囲の〔ア　〕と一体になった建造物をモチーフとしたものが多い。これは、日本人にとって名所は循環する〔イ　〕と一つになった場所であるが、西欧のモニュメントは時間の経過を超えて〔ウ　〕するものを目ざして建造されているからである。東西の〔エ　〕、美意識の違いは、都市作りにも表れており、西欧の〔オ　〕は堅牢な建造物だが、日本では山であり〔カ　〕である。

2 右を参考にして、要旨を百字以内にまとめなさい。

内容の理解

思考力・判断力・表現力

第一段落（初め〜p.43 ℓ.5）

1 「さまざまな情報を伝えてくれる」（四〇・3）とあるが、どのような情報を伝えてくれるのか。それが具体的に述べられた文を本文中から二つ抜き出し、それぞれ初めの五字で答えなさい。 脚問1

2 「同じような経験をした」（四一・4）とあるが、何と同じような経験か。本文中の語句を用いて答えなさい。

〔　　　　〕

第二段落（p.43 ℓ.6〜p.44 ℓ.3）

3 「西欧の名所絵はがき」の特徴を述べた一文を本文中から抜き出し、初めの五字で答えなさい。

4 「日本の観光絵はがき」の特徴を本文中から三十字程度で抜き出し、初めと終わりの五字で答えなさい。（記号を含まない）

〜

第三段落（p.44 ℓ.4〜p.45 ℓ.13）

5 「名所についての日本人の考え方」（四四・4）とあるが、日本人にとって「名所」とはどういうものか。本文中から十二字で抜き出しなさい。

6 広重の『名所江戸百景』を通して捉えられる「名所」の特徴を端的に述べている一文を本文中から抜き出し、初めの五字で答えなさい。

第三段落（p.44 ℓ.4〜p.45 ℓ.13）

7 西欧のモニュメントが「堅牢な石の建造物」（四五・10）であるのは、モニュメントがどういう目的で造られるものだからか。本文中から二十五字で抜き出しなさい。

8 新傾向 日本人は記憶を継承するために、「自然の運行の中にその保証を見いだした」（四五・12）とあるが、「自然の運行」の例として適当なものを、次から選びなさい。

ア　時間の経過とともに建造物が朽ちていくこと。

イ　毎年春になると桜の名所に桜が咲くこと。

ウ　時代とともに年中行事が観光化されていくこと。

エ　年月の経過に伴って町並みの風景が変わること。

〔　　〕

第四段落（p.45 ℓ.14〜終わり）

9 次の事項を「西欧」と「日本」の都市作りのあり方に分類しなさい。

ア　町の中の目印となるように巨大な建造物を作る。

イ　時間が経過しても記憶が継承できるように堅牢な石を用いて建造物を作る。

ウ　その都市の目印となる山が見える方向に町並みを作る。

エ　名所となる建物は自然景と一体になっている。

西欧〔　　〕　日本〔　　〕

10 筆者は、観光名所絵はがきには、東と西のどんな違いが反映されていると述べているか。第四段落（四五・14〜終わり）の中から十七字で抜き出しなさい。

学習目標　言葉の誤用例と正しい意味を確認したうえで、言葉に対する筆者の考えを読み取る。

情けは人の……（俵万智）

教科書 p.50～p.59

検印

漢字

知識・技能

1 太字の仮名を漢字に直しなさい。

① **きっさてん**〔　〕で人を待つ。（p.50 ℓ.1）
② **となり**〔　〕の席に座る。（p.50 ℓ.1）
③ 人の**おうえん**〔　〕をする。（p.50 ℓ.9）
④ **みりょく**〔　〕のある大人。（p.51 ℓ.4）
⑤ **よくじしょ**〔　〕を引く。（p.51 ℓ.6）
⑥ 結構**も**〔　〕り上がる。（p.51 ℓ.9）
⑦ **てんらんかい**〔　〕に行く。（p.51 ℓ.11）
⑧ **しふく**〔　〕の時を味わう。（p.51 ℓ.14）
⑨ 音の**ひび**〔　〕き方。（p.52 ℓ.2）
⑩ 出会った**しゅんかん**〔　〕。（p.52 ℓ.9）
⑪ 友人と**きょうゆう**〔　〕する。（p.52 ℓ.9）
⑫ **おどろ**〔　〕きあきれる。（p.53 ℓ.2）
⑬ 靴下を**は**〔　〕く。（p.53 ℓ.5）
⑭ 大きなウエイトを**し**〔　〕める。（p.53 ℓ.7）
⑮ **ぼうとう**〔　〕の話に戻る。（p.54 ℓ.10）
⑯ **あんい**〔　〕に同情する。（p.55 ℓ.3）
⑰ **こくもつ**〔　〕の粟。（p.56 ℓ.8）

2 太字の漢字の読みを記しなさい。

① 言葉が**貧**〔　〕しい。（p.51 ℓ.4）
② 喜びも**半減**〔　〕する。（p.51 ℓ.4）
③ 先輩に**憧**〔　〕れる。（p.52 ℓ.12）
④ 先生に**褒**〔　〕められる。（p.52 ℓ.15）
⑤ **細**〔　〕かいことにこだわる。（p.53 ℓ.4）
⑥ 持って生まれた**性分**〔　〕。（p.53 ℓ.5）
⑦ **愛想**〔　〕がいい人。（p.54 ℓ.2）
⑧ うわべを取り**繕**〔　〕う。（p.54 ℓ.4）
⑨ 本人に**悪気**〔　〕はない。（p.54 ℓ.7）
⑩ 自分によい**報**〔　〕いが来る。（p.54 ℓ.14）
⑪ 甘えを**断**〔　〕ち切る。（p.55 ℓ.4）
⑫ 誤用のほうが**普及**〔　〕する。（p.55 ℓ.11）
⑬ 研究者としての**素地**〔　〕。（p.55 ℓ.11）
⑭ 思い違いは**結構**〔　〕ある。（p.56 ℓ.11）
⑮ 想像すると**怖**〔　〕い。（p.56 ℓ.14）
⑯ かなり**田舎**〔　〕だ。（p.57 ℓ.11）
⑰ 願望が**潜**〔　〕む。（p.58 ℓ.4）

語句

知識・技能

1 次の太字の語句の意味を調べなさい。

① **興味津々**で話を聞く。（p.51 ℓ.15）
〔　〕
② **根掘り葉掘り**きく。（p.53 ℓ.10）
〔　〕
③ **因果応報**という仏教の考え方。（p.55 ℓ.9）
〔　〕
④ ことわざも**形無し**である。（p.58 ℓ.2）
〔　〕

2 次の空欄に適当な身体の部位を表す言葉を入れなさい。

① いい絵は〔　〕の保養になる。（p.51 ℓ.16）
② 変な言葉遣いに、開いた〔　〕が塞がらない。（p.52 ℓ.14）
③ 専門家が〔　〕をひねるような論文。（p.54 ℓ.11）

3 次の語句を使って短文を作りなさい。

① 性分（p.53 ℓ.5）
〔　〕
② 五十歩百歩（p.56 ℓ.14）
〔　〕

論理の把握　思考力・判断力・表現力

1 空欄に本文中の語句を入れて、内容を整理しなさい。

第一段落（初め～p.51 ℓ.5）	第二段落（p.51 ℓ.6～p.54 ℓ.9）	第三段落（p.54 ℓ.10～p.55 ℓ.11）	第四段落（p.55 ℓ.12～p.57 ℓ.1）	第五段落（p.57 ℓ.2～終わり）
喫茶店でのカップルの話 →〔ア　〕を楽しくできる人は、とてもすてきだ。 すべての〔イ　〕は言葉でなされる。その言葉が貧しいと魅力も半減する。ふだんから言葉そのものについて〔ウ　〕ができるというのは楽しいことだ。	ボーイフレンドとの会話・憧れの人との会話・友人の見合いの話 →初めて出会った表現を人と〔エ　〕できる喜びがあるかと思えば、逆に、たった一つの〔オ　〕が、場合によっては人を〔カ　〕させることもある。 ⇔ 言葉はこれほどまでに心に〔キ　〕のだ。言葉とはすばらしいものであると同時に、〔ク　〕ものである。	喫茶店でのカップルの男の子の覚え間違い →〔ケ　〕の意味が誤解され、〔コ　〕が広まっている。しかし、中にはその〔サ　〕のほうがいい〔シ　〕だと思われるものもある。	高校で教えていたときの生徒の思い違い →ことわざには〔ス　〕とかけ離れてしまっているような言葉もずいぶんある。だから思い違いの場合もあるが、その間違いが、それなりに〔セ　〕を持って普及してゆくこともある。その〔ソ　〕を考えることはとても興味深い。	高校で教えていたときの「住めば都」についての生徒の思い違い →「住めば都」という〔タ　〕を「住むんだったら都会」というように解釈することも、広い〔チ　〕では、間違ってはいないのかもしれない。

要旨　思考力・判断力・表現力

1 空欄に本文中の語句を入れて、全体の要旨を整理しなさい。

言葉そのものについて〔ア　〕ができるということは楽しいことである。しかし、場合によってはたった一つの言葉が心に〔イ　〕こともあり、言葉とはすばらしいものであると同時に、〔ウ　〕ものである。ことわざには、〔エ　〕とかけ離れてしまったために生じる誤解も多いが、その間違いが、それなりに〔オ　〕を持って普及してゆくこともある。ことわざや言葉の背景を考えることは〔カ　〕深く、楽しいものである。

2 右を参考にして、要旨を百字以内にまとめなさい。

内容の理解

思考力・判断力・表現力

第一段落（初め～p.51 ℓ.5）

1 「応援をしたくなる」（五〇・9）とはどういうことか。次から選びなさい。

ア 彼と彼女との会話の中に自分も入りたくなるということ。
イ 彼に正しいことわざとその意味を教えたくなるということ。
ウ 彼の言葉に関する興味を彼女に理解してほしくなるということ。
エ 彼女に言い負けている彼を元気づけたくなるということ。〔　　〕

2 「その言葉」（五一・4）とはどういう言葉か。本文中の語句を用いて五字で答えなさい。

第二段落（p.51 ℓ.6～p.54 ℓ.9）

3 「思わず顔を見合わせて、二人でにんまり」（五三・7）したのはなぜか。簡潔に答えなさい。

4 「がっかりしてしまう」（五三・11）と同意の表現をした一文を五三ページ中から抜き出し、初めの五字で答えなさい。

5 「そこ」（五四・5）とは何をさすか。簡潔に答えなさい。

第三段落

6 「情けは人のためにならず」という誤用が普及した理由を筆者はどう考えているか。次の文の空欄にあてはまる語句を、それぞれ五字で本文中から抜き出しなさい。

本来の意味の基にある「因果応報」の考え方が現代社会では〔　①　〕ではなくなり、誤用の意味のほうが〔　②　〕内容になっているから。

7 筆者はことわざが誤用される要因は何であると考えているか。五五ページの語句を用いて答えなさい。 ▼学習五

①
②

第四段落（p.55 ℓ.12～p.57 ℓ.1）

8 ①「ぬかみそにクギ」（五六・11）、②「狐につつまれる」（五六・13）を正しいことわざに改めなさい。

①
②

第五段落（p.57 ℓ.2～終わり）

9 筆者が「『住むんだったら、都会』という解釈は、……間違ってはいないのかもしれない」（五六・8～9）と考えるのはなぜか。本文中から一続きの二文を抜き出し、初めと終わりの五字で答えなさい。

～

全体

10 筆者の主張に合致するものはどれか。次から選びなさい。

ア ことわざの意味が、時代とともに変わるのはやむを得ないことである。
イ ことわざは生きており、相手次第でどんな意味にもなり得るものである。
ウ ことわざを通して、昔の人の考え方や見方を探るのは興味深いことである。
エ 現代社会では、ことわざの誤用のほうが説得力があり、それが普及していく場合がある。〔　　〕

学習目標　例示されたことわざの解釈の違いを捉え、それを通じて筆者の考えを読み取る。

犬も歩けば棒に当たる（阿刀田高）

教科書 p.60～p.68

検印

漢字

1 太字の仮名を漢字に直しなさい。

① 記憶の**かくにん**〔　　〕をする。（p.60 ℓ.2）
② 目的地に**とうたつ**〔　　〕する。（p.60 ℓ.2）
③ 県庁**しょざいち**〔　　〕。（p.60 ℓ.6）
④ **ちいき**〔　　〕に溶け込む。（p.61 ℓ.4）
⑤ 論より**しょうこ**〔　　〕。（p.61 ℓ.6）
⑥ **むずか**〔　　〕しい問題。（p.61 ℓ.7）
⑦ **きょうみ**〔　　〕がある。（p.61 ℓ.8）
⑧ 今時の**わか**〔　　〕い人。（p.61 ℓ.10）
⑨ **すず**〔　　〕しい顔で答える。（p.62 ℓ.1）
⑩ あらかじめ**かくご**〔　　〕する。（p.63 ℓ.10）
⑪ **たいさく**〔　　〕を立てる。（p.63 ℓ.10）
⑫ **ほうこう**〔　　〕が正反対になる。（p.63 ℓ.11）
⑬ 貴重な**きょうくん**〔　　〕を得た。（p.63 ℓ.12）
⑭ **せっきょくてき**〔　　〕な性格。（p.64 ℓ.3）
⑮ **そくざ**〔　　〕に電報を打つ。（p.64 ℓ.13）
⑯ **かいしゃく**〔　　〕が限られる。（p.66 ℓ.3）
⑰ **しざい**〔　　〕置き場。（p.66 ℓ.9）

2 太字の漢字の読みを記しなさい。　知識・技能

① **欧米**〔　　〕人のやり方。（p.60 ℓ.2）
② 意味を**尋**〔　　〕ねる。（p.61 ℓ.12）
③ 故事**来歴**〔　　〕を調べる。（p.62 ℓ.2）
④ 世の中のことに**疎**〔　　〕い。（p.62 ℓ.2）
⑤ 深くは**拘泥**〔　　〕しない。（p.62 ℓ.3）
⑥ 将来を**暗示**〔　　〕する。（p.62 ℓ.9）
⑦ **万全**〔　　〕を期す。（p.62 ℓ.13）
⑧ **示唆**〔　　〕に富む。（p.63 ℓ.11）
⑨ **心構**〔　　〕えが違う。（p.63 ℓ.13）
⑩ **柔軟**〔　　〕な思考。（p.64 ℓ.5）
⑪ 会の**趣旨**〔　　〕に賛同する。（p.64 ℓ.12）
⑫ **靴**〔　　〕を作る会社。（p.64 ℓ.13）
⑬ 想像以上に**差異**〔　　〕が大きい。（p.65 ℓ.5）
⑭ **需要**〔　　〕を作り出す。（p.65 ℓ.7）
⑮ 決して**侮**〔　　〕れない。（p.65 ℓ.9）
⑯ **根底**〔　　〕から違う。（p.65 ℓ.11）
⑰ 信念を**反映**〔　　〕する。（p.66 ℓ.4）

語句

1 次の太字の語句の意味を調べなさい。　知識・技能

① いろはガルタに**なじみ**がある。（p.61 ℓ.1）
〔　　〕
② 地域により**バリエーション**がある。（p.61 ℓ.4）
〔　　〕
③ 犬棒カルタが**ポピュラー**だ。（p.63 ℓ.5）
〔　　〕
④ 可能性を**示唆**する。（p.63 ℓ.11）
〔　　〕

2 次の空欄に適語を漢字一字で入れなさい。

① わかりきったことだと〔　　〕を張る。（p.64 ℓ.5）
② 禍《わざわい》を転じて〔　　〕となす。（p.64 ℓ.7）
③ 現場で事故が起き、責任者の〔　　〕が飛ぶ。（p.66 ℓ.9）

3 次の語句を使って短文を作りなさい。

① あながち（p.62 ℓ.4）
〔　　〕
② かたくな（p.64 ℓ.11）
〔　　〕

論理の把握

1 空欄に本文中の語句を入れて、内容を整理しなさい。　思考力・判断力・表現力　▼学習一

第一段落（初め～p.61 ℓ.8）	第二段落（p.61 ℓ.9～p.64 ℓ.12）	第三段落（p.64 ℓ.13～p.65 ℓ.13）	第四段落（p.65 ℓ.14～終わり）
話題の提示 ベッドに入っても眠れないときは、（ア）みたいなことをやって、（イ）の到達を待つ。（ウ）ガルタを順に思い出したこともある。関東では、いわゆる（エ）カルタがポピュラーだ。	「犬も歩けば棒に当たる」の解釈について ・「犬も歩けば棒に当たる」にさまざまな解釈があるように、同じことわざを聞いていても、聞く人の心構えによって、聞こえてくるものがまるで違う。 ・いろはガルタの（オ）にこれがあるのは、「あくまでもことわざは（カ）についての一つの見方です。あなたの見方で眺めれば、別な解釈も十分にあり得ますよ。」という（キ）なのかもしれない。	同じことでもどう見るかは人によって異なる ・同じことでも、それをどう見るか、見る人の（ク）と意志によって、想像以上に（ケ）が大きい。 ・すべての判断の根底には、夢と（コ）が必要である。この二つは（サ）である。夢ばかりを追っていては足もとがおぼつかない。（シ）にばかり目が向いて夢を失っては、（ス）はあり得ない。	まとめ 「犬も歩けば棒に当たる」一つだって、いろいろな解釈があってよいのだろう。 ⇩ 考える人それぞれの生き方や（セ）を反映した判断によって、いろいろ変わって（ソ）だし、それでよいはずだ。

要旨

1 空欄に本文中の語句を入れて、全体の要旨を整理しなさい。　思考力・判断力・表現力

「犬も歩けば棒に当たる」ということわざは、棒を（ア）と捉えるか、（イ）と捉えるかによって、逆の解釈となる。こうした解釈の違いはことわざや国語の場合だけに限らない。ビジネスの現場では、同一の事柄が判断する人の（ウ）や（エ）によって、想像以上に変化する。すべての判断の根底に（オ）があることを心に留めながらも、（カ）を失っては発展はあり得ない。ただ一つの解答や解釈にとらわれない融通性のある考え方が必要だ。

2 右を参考にして、要旨を百字以内にまとめなさい。

内容の理解　思考力・判断力・表現力

第一段落（初め〜p.61 ℓ.8）

1 次のA〜Cのことわざはどういう意味のことわざか。それぞれあとから選びなさい。▼脚問1

A　花より団子〔　　〕
B　骨折り損のくたびれもうけ〔　　〕
C　屁《へ》をひって尻つぼめ〔　　〕

ア　苦労しても何も効果が出ないこと。
イ　学問や文学の力は武力よりも偉大であるということ。
ウ　失敗をした後でごまかそうとすること。
エ　さんざんな目に遭うこと。　オ　風流よりは実利をとること。

第二段落（p.61 ℓ.9〜p.64 ℓ.12）

2 「犬も歩けば棒に当たる」の解釈を大きく二つあげなさい。

〔　　　　〕
〔　　　　〕

3 「どうしてこんなに解釈が違うのだろうか」（六三・8）とあるが、この問いに対する筆者の答えを解答欄に合う形で本文中から四十字以内で抜き出し、初めと終わりの四字で答えなさい。▼脚問3

〔　　　　〕〜〔　　　　〕から。

4 「うがった見方」（六四・8）をすると、ことわざをどのように見ることができるというのか。本文中の語句を用いて答えなさい。

〔　　　　〕

第三段落（p.64 ℓ.13〜p.65 ℓ.13）

5 「同じこと」（六五・4）とは、ここではどういうことか。簡潔に答えなさい。

〔　　　　〕

6 「後者のほうがきっとよいセールスマンだろう」（六五・6）と言えるのはなぜか。本文中の語句を用いて、簡潔に答えなさい。

〔　　　　〕

第四段落（p.65 ℓ.14〜終わり）

7 「万華鏡のように異なったものを見せてくれる」（六六・4）とは、どういうことか。次から選びなさい。

ア　ビジネスの現場では、考える人の判断によって解釈がまちまちになることが憂慮されるということ。
イ　国語の教室でもビジネスの現場のように、いろいろ変わった解釈が生み出されたほうがよいということ。
ウ　ビジネスの現場では、考える人それぞれの生き方や信念を反映して多様な解釈が生み出されるということ。
エ　国語の解釈はリアリズムに根ざしたもので、ビジネスの現場のような種々の解釈は許されないということ。

〔　　〕

読み比べ

8 新傾向　『情けは人の……』と『犬も歩けば棒に当たる』の二人の筆者の考えは、どのような点で共通しているか。次の文の空欄にあてはまる語句を、それぞれあとから選びなさい。

両者とも、〔①〕として学ぶ、本来の意味とは異なることわざの〔②〕を認めつつ、話し手（書き手）の〔③〕がその解釈に〔④〕されていると考えている点。

ア　解釈　イ　ポピュラー　ウ　誤解　エ　考え方
オ　普及　カ　リアリズム　キ　反映　ク　国語

①〔　　〕②〔　　〕③〔　　〕④〔　　〕

学習目標 バラとは異なり名前の有無がすべてである通貨のあり方を通して、「通貨の基本」とは何かを把握する。

バラと通貨はどう違う?（浜矩子）

教科書p.70〜p.77

検印

漢字　知識・技能

1 太字の仮名を漢字に直しなさい。

①（p.70 l.3）美しい**かお**〔　〕り。
②（p.70 l.5）作品の**いっせつ**〔　〕の朗読。
③（p.70 l.8）思いをバラに**たく**〔　〕す。
④（p.70 l.10）恋人**せんげん**〔　〕をする。
⑤（p.71 l.9）**かいがら**〔　〕を通貨に使う。
⑥（p.71 l.12）**しさん**〔　〕としての価値。
⑦（p.72 l.6）司会を**つと**〔　〕める。
⑧（p.72 l.8）**けんい**〔　〕ある存在。
⑨（p.73 l.2）改革を**じっし**〔　〕する。
⑩（p.73 l.7）江戸**ばくふ**〔　〕の実状。
⑪（p.74 l.5）状況を**すいさつ**〔　〕する。
⑫（p.74 l.13）雲行きが**あや**〔　〕しくなる。
⑬（p.74 l.14）**とつじょ**〔　〕として起こる。
⑭（p.75 l.12）失敗を取り**つくろ**〔　〕う。
⑮（p.75 l.15）**はばひろ**〔　〕く認知される。
⑯（p.76 l.2）**しんこく**〔　〕なインフレ。
⑰（p.76 l.10）野暮は**しょうち**〔　〕だ。

2 太字の漢字の読みを記しなさい。

①（p.70 l.4）**悲恋**〔　〕の物語。
②（p.70 l.9）心情を**吐露**〔　〕する。
③（p.71 l.8）名前を**剥奪**〔　〕される。
④（p.72 l.2）**貨幣**〔　〕を造る。
⑤（p.72 l.3）相手に**勝**〔　〕る。
⑥（p.72 l.3）任務を**遂行**〔　〕する。
⑦（p.72 l.6）江戸時代の勘定**奉行**〔　〕。
⑧（p.73 l.2）金属の**含有**〔　〕量。
⑨（p.73 l.6）営業を**継続**〔　〕する。
⑩（p.74 l.1）瓦礫はよくても紙は**駄目**〔　〕。
⑪（p.74 l.12）**後生**〔　〕大事にする。
⑫（p.74 l.13）**神通力**〔　〕を使う。
⑬（p.75 l.1）政府が**執**〔　〕り行う。
⑭（p.75 l.7）**需給**〔　〕の原理。
⑮（p.75 l.8）**闇市**〔　〕ができる。
⑯（p.76 l.4）物価が**高騰**〔　〕する。
⑰（p.76 l.5）**万能**〔　〕ではない。

語句　知識・技能

1 次の太字の語句の意味を調べなさい。

①（p.73 l.4）営業継続のための**苦肉の策**を講じる。〔　〕
②（p.75 l.13）政府紙幣を使うのを**敬遠**する。〔　〕
③（p.76 l.13）相手の言葉を**胡散臭い**と感じる。〔　〕

2 次の空欄にあとから適語を選んで入れなさい。

①（p.71 l.14）この通貨の特性には〔　〕変化はないが、使われなくなってしまった。
②（p.72 l.1）この言葉は、〔　〕通貨の特徴をよく表している。
③（p.73 l.7）金属の産出量には、〔　〕限界がある。

（　おのずと　なんら　いみじくも　）

3 次の語句を使って短文を作りなさい。

①（p.75 l.9）降って湧いたように
〔　〕
②（p.76 l.7）肝に銘じる
〔　〕

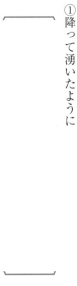

論理の把握

1 空欄に本文中の語句を入れて、内容を整理しなさい。　思考力・判断力・表現力　▼学習一

第一段落（初め～ p.71 ℓ.15）

問題提起　通貨の基本とは何か？　⇑ 対照的な例 ⇓

人が通貨だと〔　イ　〕しなければ通貨にならない

通貨においては〔　ウ　〕がすべて

⇦

バラ…〔　ア　〕のおかげで美しいわけでも、香り豊かなわけでもない

第二段落（p.72 ℓ.1～p.74 ℓ.5）

荻原重秀の名言の意味

貨幣＝〔　エ　〕が造る所であればよい

銅の含有量が少ない銅銭でも鋳造すべきである

そのような銅銭でも〔　オ　〕には勝る

⇧

当時の江戸幕府

〔　カ　〕の産出量に限界 ⇔ 通貨の発行量は減らせない

→重秀の貨幣観の限界「瓦礫はよくても〔　キ　〕は駄目」

第三段落（p.74 ℓ.6～p.76 ℓ.9）

国が通貨だと宣言すれば何でも通貨になるのか？

→国の約束を人々が疑い出したらどうなるか？

例　政府紙幣

→政府はカネ不足？　→　人々：政府紙幣を中央銀行券に両替

↓　〔　ク　〕によって、中央銀行券の価値が上昇

〔　ケ　〕に足る国の通貨でなければ、幅広く通貨と認識されるとは限らない

第四段落（p.76 ℓ.10～終わり）

通貨の基本＝認知・認識

人が認めれば通貨、そうでなければ通貨ではない（＝第一段落）

「これは通貨だ」→信頼できる相手の言→人々は信じる（＝第二段落）

→胡散臭い感じ　→通貨性も疑わしくなる（＝第三段落）

⇦

人が相手を信頼できるかどうかによる＝〔　コ　〕制

要旨

1 空欄に本文中の語句を入れて、全体の要旨を整理しなさい。　思考力・判断力・表現力

名前が変わっても本質が変わらないバラとは違い、通貨は通貨として人が〔　ア　〕しなければ通貨にならない。しかし、〔　イ　〕が述べたように、国家のような〔　ウ　〕ある存在が世に送り出していれば、どのようなものでも通貨になり得る。一方で、通貨の価値を保証する国が〔　エ　〕に足らなければ、その通貨は通貨として幅広く認められない。通貨の基本は、それを保証する相手を人が信頼できるかどうかによる「〔　オ　〕」なのである。

2 右を参考にして、要旨を百字以内にまとめなさい。

内容の理解

思考力・判断力・表現力

第一段落（初め〜p.71 ℓ.15）

1 「そうはいかない」（七一・6）とあるが、「そう」とはどのような特徴をさしているか。二十五字以内で答えなさい。

2 「人がそれを通貨と呼ばなくなったもの」（七一・13）とは、具体的には何をさすか、簡潔に答えなさい。

〔　　〕

第二段落（p.72 ℓ.1〜p.74 ℓ.5）

3 「今鋳するところの銅銭」（七二・3）について、次の問いに答えなさい。

(1) 「今鋳するところの銅銭」とはどのような銅銭か。それまでの銅銭との違いがわかるように、本文中の語句を用いて二十字以内で答えなさい。

(2) (1)のような銅銭をたとえた表現を、本文中から十字以内で抜き出しなさい。

4 「悪薄といへども、なほ紙鈔に勝る」（七三・3）という萩原重秀の考えについて、筆者はどのように評価しているか、次から選びなさい。

ア　紙幣よりも金属でできた銅銭のほうが価値が高いとみなす考えは、常識的であり正しい。

イ　紙幣のほうが発行しやすいという利点を無視した点に、彼の貨幣観の限界が露呈している。

ウ　通貨の体裁は問わないと言いながら、紙でできた通貨は駄目だと考えるのは矛盾している。

エ　実際には瓦礫も紙も通貨として流通することはなかったため、優劣の判定はできない。

〔　　〕

第三段落（p.74 ℓ.6〜p.76 ℓ.9）

5 新傾向 「政府が発行する一万円より、中央銀行が発行する一万円のほうが値段が高くなっていく」（七五・6）について生徒たちが話している。発言が本文と合致する生徒をすべて選び、記号で答えなさい。▼脚問4

生徒A：需給の原理というのは、ほしい人が少なければ値段は下がって、その逆なら値段は上がるということでいいよね。

生徒B：値段が高くなるというのは、たとえば政府紙幣一万円と、中央銀行券一万五百円が同じ価値ってことかな。

生徒C：闇市は、国が決めた価値とは違う値段で、買い物をしたり両替をしたりできる場所のことだね。

生徒D：うーん、B君の言ってるの、数字が逆だと思う。

生徒〔　　〕

全体

6 「人本位制」（七六・14）についての説明として最も適当なものを次から選びなさい。

ア　通貨の価値は、バラと同様に名前が変わってもその特性が変わらない人間を基準として決まるということ。

イ　通貨の価値は、通貨や国への人々の信頼で成り立っており、人々が通貨と呼ばなくなれば失われるということ。

ウ　通貨の価値は、中央銀行や政府の人々が、法を定めたり、制度を設けたりすることで決定するということ。

エ　通貨の価値は、姿形や素材といった客観的要素を総合した、人々の認知によって支えられているということ。

〔　　〕

学習目標　問題提起とその説明の繰り返しという文章構造を捉え、ヒトの進化の過程を理解する。

ヒトはなぜヒトになったか（長谷川眞理子）

教科書 p.78～p.86

検印

漢字　知識・技能

1 太字の仮名を漢字に直しなさい。

①化石が**しゅつど**〔　　〕する。（p.78 ℓ.3）
②**いでんし**〔　　〕の組み換え。（p.79 ℓ.2）
③別の**けいとう**〔　　〕に分かれる。（ℓ.3）
④真相を**かいめい**〔　　〕する。（ℓ.14）
⑤**ちょうきょり**〔　　〕バス。（p.80 ℓ.6）
⑥空気が**かんそう**〔　　〕する。（ℓ.11）
⑦体温を**ちょうせつ**〔　　〕する。（p.81 ℓ.5）
⑧環境に**てきおう**〔　　〕する。（ℓ.7）
⑨**きよう**〔　　〕さを重視する。（p.82 ℓ.3）
⑩食料を**かくほ**〔　　〕する。（ℓ.4）
⑪役割を**ぶんたん**〔　　〕する。（ℓ.7）
⑫**かくだん**〔　　〕に大きな脳。（ℓ.13）
⑬**きゅうげき**〔　　〕に大きくなる。（p.83 ℓ.4）
⑭**ゆうせん**〔　　〕順位を決める。（p.84 ℓ.4）
⑮業務を**かんり**〔　　〕する。（ℓ.5）
⑯**こんなん**〔　　〕に直面する。（ℓ.13）
⑰人口が**ほうわ**〔　　〕状態になる。（p.85 ℓ.7）

2 太字の漢字の読みを記しなさい。

①**背骨**〔　　〕が頭の下につく。（p.78 ℓ.5）
②真相は**謎**〔　　〕のままである。（p.79 ℓ.14）
③海に**生息**〔　　〕する動物。（p.80 ℓ.3）
④**汗腺**〔　　〕という器官。（p.81 ℓ.6）
⑤タンパク質の**塊**〔　　〕。（ℓ.11）
⑥肉食動物は**牙**〔　　〕を持つ。（ℓ.13）
⑦外殻が**硬**〔　　〕い植物。（p.82 ℓ.1）
⑧地中に埋もれた実を**採**〔　　〕る。（ℓ.2）
⑨**非力**〔　　〕さをカバーする。（ℓ.5）
⑩食物を**採取**〔　　〕する。（ℓ.6）
⑪**群**〔　　〕れの中で暮らす。（ℓ.8）
⑫**著**〔　　〕しく進化する。（ℓ.13）
⑬新しい方法を**編**〔　　〕み出す。（ℓ.14）
⑭機体が**損傷**〔　　〕する。（p.84 ℓ.5）
⑮道路を**拡張**〔　　〕する。（ℓ.13）
⑯リスクを**冒**〔　　〕す。（p.85 ℓ.6）
⑰惑星を**探査**〔　　〕する。（ℓ.14）

語句　知識・技能

1 次の太字の語句の意味を調べなさい。

①爪で掘り進むことも**ままならない**。（p.82 ℓ.3）
〔　　〕
②ヒトをヒトたらしめた最大の**分岐点**になった。（ℓ.12）
〔　　〕
③大きな困難を伴ったことは**想像に難くない**。（p.85 ℓ.5）
〔　　〕

2 次の語句を使って短文を作りなさい。

①手に入れる（p.81 ℓ.10）
〔　　〕
②手がかり（p.85 ℓ.2）
〔　　〕
③思いをはせる（ℓ.14）
〔　　〕

論理の把握

1 空欄に本文中の語句を入れて、内容を整理しなさい。　思考力・判断力・表現力

第一段落 （初め～ p.80 ℓ.9）	第二段落 （p.80 ℓ.10～p.82 ℓ.15）	第三段落 （p.83 ℓ.1～p.84 ℓ.10）	第四段落 （p.84 ℓ.11～終わり）
○ヒトの祖先としていちばん古い種類…サヘラントロプスとオロリン ↓なぜ祖先だと言えるのか？ ・サヘラントロプス…〔ア　　〕が頭の下についている ・オロリン…………大腿骨の仕組みから〔イ　　〕であるとわかる ○森で暮らしている段階から二足歩行↓理由は〔ウ　　〕のまま	○地球上の乾燥・寒冷化…ヒトは森からサバンナへ 大変に過酷な生活環境↓サバンナには〔エ　　〕も〔オ　　〕もほとんどない ⬅ ヒト・食料を確保するため自然を利用して〔カ　　〕を製作し、活用 ・目標のために役割分担し、複数で〔キ　　〕することを知った これを契機にヒトの脳は、ほかの動物と比べて格段に大きくなった。	○ヒトの脳…サバンナに出て環境に適応し始めたころから急激に大きくなった とくに「自分を客観的に見る」感覚を司る前頭前野が大きくなった ⬅ 〔ク　　〕を読んで共同作業をし、〔ケ　　〕を営むように	○人間の脳は二回拡張 …サバンナに進出したときとホモ・サピエンスがユーラシア大陸に進出したとき ○ヒトはなぜ、アフリカ大陸から外界に出て行ったのか ↓筆者その要因は〔コ　　〕であり、〔サ　　〕からだと考える。 現在も我々が宇宙という空間に思いをはせることと同じではないだろうか。

要旨

1 空欄に本文中の語句を入れて、全体の要旨を整理しなさい。　思考力・判断力・表現力

ヒトの祖先の出現時期は、骨の〔ア　　〕からわかる。ヒトは森からサバンナに進出し、食料確保のために〔イ　　〕を作り活用した。また、目標のために複数で〔ウ　　〕をしたことを契機に、ヒトの脳は大きくなり、とくに前頭前野が発達した。ここから、ヒトが他人の心を読んで〔エ　　〕を営むようになったという進化の過程がわかる。新大陸進出の時期に二回目に脳が発達したヒトがリスクを冒してまで外界に出た要因は、〔オ　　〕ではないかと思う。

2 右を参考にして、要旨を百字以内にまとめなさい。

内容の理解

第一段落（初め〜p.80 ℓ.9）

1 サヘラントロプス（A）とオロリン（B）が「ヒトの祖先であるとわかる」（七六・3）理由を、第一段落の内容に即してそれぞれ答えなさい。　思考力・判断力・表現力

A〔　　　〕

B〔　　　〕

第二段落（p.80 ℓ.10〜p.82 ℓ.15）

2 「環境変化のために」（八〇・13）とあるが、どのような変化が起こったのか。それを具体的に説明している一文を本文中から抜き出し、初めの五字で答えなさい。

□□□□□

3 新傾向 「大変に過酷な生活環境」（八一・1）に適応するためのヒトの進化について、本文を読んだ生徒が話し合っている。本文の内容に合致しないものを選びなさい。

生徒A：ヒトは肉食動物じゃないから、肉食動物でいうところの牙や爪の代わりになるような道具を作らないと、狩りで草食動物を捕まえることが難しかったんだね。

生徒B：「サバンナはかなり水場が少ない」って本で読んだことがあるよ。ヒトが歩いて移動するにはかなりの長距離だろうから、ヒトの体はその距離の移動に耐えられるように変化したんだね。

生徒C：ほかの霊長類と比べて、ヒトは体毛が薄いよね。汗腺があるほうが、体温調整がしやすいっていうことなんだろうね。

生徒D：共同作業ということは、みんなで交代しながら、地中に埋まった植物の実を、爪を使って掘り出すことに成功したんだね。

生徒〔　　〕

第二段落

4 「ヒトをヒトたらしめた最大の分岐点」（八二・12）とは何か。解答欄に合うように本文中から二十一字で抜き出し、初めと終わりの五字を答えなさい。

□□□□□〜□□□□□という社会関係を理解したこと。

第三段落（p.83 ℓ.1〜p.84 ℓ.10）

5 「前頭前野は『自分を客観的に見る』感覚を司っている」（八三・14）とあるが、前頭前野のはたらきを具体的に説明している四文を本文中から抜き出し、初めと終わりの五字で答えなさい。

□□□□□〜□□□□□

6 「人間の脳は、だらだらと何となく大きくなっていったのではなくて」（八四・11）とあるが、二度の拡張に共通する状況はどういうときであることか。解答欄に合うように、本文中の語句を用いて十字以内で答えなさい。

外界進出に伴って、□□□□□□□□□□。

第四段落（p.84 ℓ.11〜終わり）

7 「ホモ・サピエンスがアフリカ大陸からユーラシア大陸に進出していった」（八四・15）理由を筆者はどのように考えているか。それを説明した次の文の空欄に入る語句を、本文中から抜き出しなさい。

脳が大きくなったヒトは、物事の〔①〕を深く考えるようになったことで、自分たちの世界を〔②〕できるようになった。それと同時に外界に対する〔③〕や冒険心が生じたから。

①〔　　〕

②〔　　〕

③〔　　〕

学習目標　現代社会の共同性と同調圧力について理解し、「並存性の重視」を主張する筆者の思いを捉える。

共同性の幻想（菅野仁）

教科書 p.88〜p.95

検印

漢字

1 太字の仮名を漢字に直しなさい。

- ① p.88 l.1　集団から**はいじょ**〔　　〕される。
- ② p.88 l.3　**ひじょう**〔　　〕に仲が悪い。
- ③ p.89 l.5　物的**かんきょう**〔　　〕を整える。
- ④ p.89 l.6　古い**かちかん**〔　　〕。
- ⑤ p.89 l.10　生命**いじ**〔　　〕を目的とする。
- ⑥ p.90 l.4　不安から**のが**〔　　〕れる。
- ⑦ p.90 l.7　性格を**お**〔　　〕びる。
- ⑧ p.90 l.7　現代人の**とくちょう**〔　　〕。
- ⑨ p.91 l.5　意味を**とら**〔　　〕え直す。
- ⑩ p.92 l.5　他者に**いそん**〔　　〕する。
- ⑪ p.92 l.8　関係性が**へんしつ**〔　　〕する。
- ⑫ p.93 l.1　自由を**かくとく**〔　　〕する。
- ⑬ p.93 l.1　可能性を**ついきゅう**〔　　〕する。
- ⑭ p.93 l.3　圧力により引き**さ**〔　　〕かれる。
- ⑮ p.93 l.4　考え方を**ていじ**〔　　〕する。
- ⑯ p.94 l.4　正しい**さほう**〔　　〕を学ぶ。
- ⑰ p.94 l.4　**しんけん**〔　　〕に考える。

2 太字の漢字の読みを記しなさい。　知識・技能

- ① p.88 l.5　不安な状態に**陥**〔　　〕る。
- ② p.88 l.8　**妙**〔　　〕な関係が生まれる。
- ③ p.89 l.3　事故を**目**〔　　〕の当たりにする。
- ④ p.89 l.11　生産力を**基盤**〔　　〕とする。
- ⑤ p.89 l.11　昔の**庶民**〔　　〕の生活。
- ⑥ p.89 l.15　相互**扶助**〔　　〕の側面
- ⑦ p.90 l.1　共同性を支える**根拠**〔　　〕。
- ⑧ p.90 l.7　三つの**類型**〔　　〕に分ける。
- ⑨ p.90 l.12　心の**羅針盤**〔　　〕を持つ。
- ⑩ p.91 l.7　互いに**消耗**〔　　〕し合う。
- ⑪ p.91 l.8　同質性から**並存**〔　　〕性へ。
- ⑫ p.91 l.11　**緊密**〔　　〕なつながり。
- ⑬ p.92 l.2　人間関係を**媒介**〔　　〕する。
- ⑭ p.92 l.3　**貨幣**〔　　〕経済の広がり。
- ⑮ p.92 l.5　**表裏**〔　　〕一体の出来事。
- ⑯ p.93 l.9　直接的な**拘束**〔　　〕力。
- ⑰ p.94 l.1　**組織**〔　　〕的集団。

語句　知識・技能

1 次の太字の語句の意味を調べなさい。

- ① p.89 l.13　**出る杭《くい》は打たれる**ので、目立つ行動は避けたい。〔　　〕
- ② p.89 l.13　**長いものには巻かれろ**で、大勢の意見に従う。〔　　〕
- ③ p.92 l.5　二つの経済的関係は**表裏一体**だ。〔　　〕

2 次の語句の対義語を書きなさい。

- ① p.89 l.5　ハード ↔〔　　〕
- ② p.90 l.9　主体 ↔〔　　〕
- ③ p.91 l.8　同質 ↔〔　　〕
- ④ p.92 l.13　重視 ↔〔　　〕
- ⑤ p.92 l.1　抽象的 ↔〔　　〕
- ⑥ p.92 l.1　直接的 ↔〔　　〕

3 次の語句を使って短文を作りなさい。

- ① p.89 l.3　目の当たり〔　　〕
- ② p.93 l.15　とりわけ〔　　〕

論理の把握

1 空欄に本文中の語句を入れて、内容を整理しなさい。 思考力・判断力・表現力 ▼学習一

第一段落（初め～ p.89 ℓ.2）

ある種の集団に見られる関係性
→生み出す
同調圧力

集団からいつ〔ア　　　〕されるかわからない不安 ⇄ 集団との関係性を〔イ　　　〕にする

＊心が休まらない状態

◎同調圧力が生み出すもの＝現代における新たな共同性（ネオ共同性）

第二段落（p.89 ℓ.3～p.91 ℓ.6）

◎ハード的部分は〔ウ　　　〕したが、ソフト的部分はムラ的な関係性のままの日本社会

・伝統的ムラ社会
　現実的根拠＝〔エ　　　〕のための相互性
　ムラ的共同性＝同調圧力が強い＋相互扶助

・現代日本
　現実的根拠＝「〔オ　　　〕」に基づく相互性
　ネオ共同性

リースマンの性格分類 ─ 〔カ　　　〕指向型 ─ 内部指向型 ─ 他人指向型
筆者の共同性分類 ─ ムラ的共同性 ─ ネオ共同性

第三段落（p.91 ℓ.7～p.93 ℓ.5）

◎同調圧力＝互いに消耗し合う関係

・ムラ的共同体…人間の共同体的本質の具体化 → 「〔キ　　　〕性」が望ましい

・現代社会…「〔ク　　　〕」による人間関係…抽象的・間接的・媒介的
↓個人の自立＝世界レベルで〔ケ　　　〕の活動に依存

個人の活動の自由や多面化 ⇔ 「みんないっしょ」・同調圧力

関係性の歪み・ネオ共同性

第四段落（p.93 ℓ.6～終わり）

◎「並存性」＝〔コ　　　〕ものが同時に存在する

現代社会 〔サ　　　〕的な自由や個性を追求する個人の登場
↓「気の合わない人」と時間や空間をともに過ごさざるを得ない
↓「気の合わない人と一緒にいる作法（並存性）」が必要

要旨

1 空欄に本文中の語句を入れて、全体の要旨を整理しなさい。 思考力・判断力・表現力

排除の〔ア　　　〕に基づく、非常に緊張した状態の関係性が、同調圧力から生まれている。伝統的な共同性は〔イ　　　〕のための相互性が根拠であったが、現代の共同性は「不安」が根拠で、群れてそれから逃れる行動が同調圧力を生んでいるのだ。伝統的な「同質性」に対し、現代の「〔ウ　　　〕」を媒介とする人間関係は、個人の活動の〔エ　　　〕や多面化を進行させた。自分と違う他者と過ごす作法として、「同質性」ではなく「〔オ　　　〕」を重視すべきだ。

2 右を参考にして、要旨を百字以内にまとめなさい。

内容の理解

思考力・判断力・表現力

第一段落（初め〜p.89 ℓ.2）

1 「そのような関係性」（八八・10）とは、どのような関係性か。その仕組みが述べられている部分を本文中から八十字以内で抜き出し、初めと終わりの五字で答えなさい。

□□□□□〜□□□□□

第二段落（p.89 ℓ.3〜p.91 ℓ.6）

2 「かつての伝統的社会と現代社会」（八九・8）における「ソフト的部分を支えるはずの現実的根拠」（八九・7）とは何か。本文中からそれぞれ十字前後で抜き出しなさい。

かつての伝統社会　□

現代社会　□

3 「人間が持つ『社会的性格』」（九〇・6）についての説明として、あてはまらないものはどれか。次から選びなさい。

ア　行動の基準を主体的な判断や良心に委ねない「伝統指向型」は、近代以前の社会における典型的な性格で、「ムラ的共同性」に対応する。

イ　「伝統指向型」と「他人指向型」はどちらも行動の基準を自分中心にせず、それゆえ集団内にある種の同調圧力を生み出す性格である。

ウ　権威への信頼感や恥の意識を内面に抱え、それをもとに自分の行動の基準を決める「内部指向型」は、近代の形成期に顕著な性格である。

エ　「ネオ共同性」に対応する「他人指向型」は現代人によく見られる性格で、自分の行動の基準を他人との同調性に求める傾向が強い。

〔　　〕

第三段落（p.91 ℓ.7〜p.93 ℓ.5）

4 「『いっしょにいる、いっしょでいる』」（九一・11）とあるが、次のア〜エは、それぞれ「いっしょにいる」、「いっしょでいる」のどちらか。当てはまるほうの解答欄に記号を書きなさい。

脚問2

ア　近くに住んでいるときは仲がよかったが、離れたところへ引っ越してからは疎遠になった。

イ　みんなで勉強していたのに、自分だけが合格してしまって、なんだか寂しさを感じる。

ウ　いきなりできた店よりも、昔からなじみのある店のほうで買い物をしたいと思う。

エ　警察官として志を同じくする仲間だからこそわかり合える部分があるのだと思う。

いっしょにいる〔　　〕　いっしょでいる〔　　〕

5 「現代社会における人間の共同性」（九二・1）を生み出したのは社会のどのような変化か。本文中から七字で抜き出しなさい。

□

6 「目に見える特定の人たちへの直接的な依存関係」（九二・6）を言い換えた表現を、第三段落（九一・7〜九三・5）から十字で抜き出しなさい。

□

第三〜四段落

7 「同質性から並存性へ」（九一・8）を、本文中の語句を用いて四十五字以内でわかりやすく言い換えなさい。

□

学習目標　具体例とそこから導かれた、他者と自己についての筆者の考えを読み取る。

鏡としての他者（榎本博明）

教科書 p.96〜p.104

検印

漢字

1 太字の仮名を漢字に直しなさい。

① p.96 ℓ.5 **とうぜん**〔　　〕の権利。
② p.96 ℓ.8 友達に**あいさつ**〔　　〕をする。
③ p.96 ℓ.8 **むひょうじょう**〔　　〕な人。
④ p.97 ℓ.5 動物の**しゅうせい**〔　　〕。
⑤ p.98 ℓ.6 人から**ささ**〔　　〕えられる。
⑥ p.98 ℓ.11 他者の**はんのう**〔　　〕を見る。
⑦ p.98 ℓ.12 **てきせつ**〔　　〕に処置する。
⑧ p.99 ℓ.7 **ひてい**〔　　〕的に見られる。
⑨ p.99 ℓ.10 **こうてい**〔　　〕的に考える。
⑩ p.99 ℓ.14 **にんち**〔　　〕症は社会問題だ。
⑪ p.99 ℓ.15 待遇を**かいぜん**〔　　〕する。
⑫ p.100 ℓ.6 息子が**せいちょう**〔　　〕する。
⑬ p.100 ℓ.9 **よけい**〔　　〕な物は捨てる。
⑭ p.101 ℓ.5 **みぢか**〔　　〕な話題。
⑮ p.102 ℓ.4 経験を**つ**〔　　〕み重ねる。
⑯ p.102 ℓ.7 **しゅうい**〔　　〕の大人。
⑰ p.103 ℓ.7 人から**しめ**〔　　〕された態度。

2 太字の漢字の読みを記しなさい。　知識・技能

① p.96 ℓ.2 たしかに**正論**〔　　〕だ。
② p.96 ℓ.6 人の目に**映**〔　　〕る姿。
③ p.96 ℓ.6 大きな**関心**〔　　〕事。
④ p.96 ℓ.8 **笑顔**〔　　〕で迎える。
⑤ p.97 ℓ.13 **嫌**〔　　〕われたくない。
⑥ p.98 ℓ.4 **始終**〔　　〕気にする。
⑦ p.98 ℓ.10 自分の**人柄**〔　　〕を知る。
⑧ p.99 ℓ.3 **屈辱**〔　　〕を受ける。
⑨ p.99 ℓ.11 力が**湧**〔　　〕いてくる。
⑩ p.100 ℓ.4 **辛口**〔　　〕の批評。
⑪ p.100 ℓ.4 性格が**異**〔　　〕なる他者。
⑫ p.100 ℓ.9 お**節介**〔　　〕をやく。
⑬ p.101 ℓ.7 それも**一理**〔　　〕ある。
⑭ p.101 ℓ.11 **慎重**〔　　〕な態度をとる。
⑮ p.102 ℓ.2 **粘**〔　　〕り強い性格だ。
⑯ p.102 ℓ.9 前向きな**思考**〔　　〕をする。
⑰ p.103 ℓ.6 他者が**抱**〔　　〕くイメージ。

語句

1 次の太字の語句の意味を調べなさい。　知識・技能

① p.98 ℓ.1 部活の仲間と**腹を割って**話す。
〔　　〕
② p.100 ℓ.4 嫌な自分を映し出してくれる**辛口**の他者。
〔　　〕
③ p.101 ℓ.7 それも**一理**ある。
〔　　〕

2 次の語句を使って短文を作りなさい。

① p.99 ℓ.9 ともすると
〔　　〕
② p.100 ℓ.9 お節介
〔　　〕
③ p.102 ℓ.5 突き詰める
〔　　〕

論理の把握

1 空欄に本文中の語句を入れて、内容を整理しなさい。　思考力・判断力・表現力

第一段落（初め～ p.98 ℓ.5）

私たちは、〔ア　　〕のあらゆる場面で、相手からどう思われているかを気にする〔イ　　〕を身につけている。

どうしてそんなに人の目が気になるのか。

←

それは、人の目が〔ウ　　〕を映し出す〔エ　　〕だからである。

第二段落（p.98 ℓ.6～p.100 ℓ.6）

私たちは、他者の目という鏡によって、自分の人柄や能力といった〔オ　　〕な特徴を知ることができ、他者の目に自分がどう映っているかを知ることで、誇りや屈辱のような〔カ　　〕が生じる。

ただし　自分の評価された点やダメな点に〔キ　　〕に反応できる人は、たとえ否定的評価を受けていることがわかっても、今後の〔ク　　〕に生かすことができる。

←その意味では

〔ケ　　〕の他者、価値観や性格の〔コ　　〕の他者とのつき合いも大切だ。そういう他者との出会いが、自分の〔サ　　〕のきっかけになることもある。

第三段落（p.100 ℓ.7～終わり）

自己とは他者であるという言葉が持つ意味

・自分のことは自分がよくわかっているつもりでも、結局はよくつかめず、自分を〔シ　　〕存在に感じるという意味。

・自己イメージは、いろいろな他者がこちらに抱く〔ス　　〕や言われた言葉、示された態度をもとに作られており、もともと〔セ　　〕がこちらに対して抱いたイメージであるという意味。

←そのような意味で

自己は他者であるということになるわけだ。

要旨

1 空欄に本文中の語句を入れて、全体の要旨を整理しなさい。　思考力・判断力・表現力

人の目を気にするのは、人の目が〔ア　　〕を映し出す鏡だからだ。私たちはこの鏡によって、自分の人柄や能力といった〔イ　　〕な特徴や、自分がどのように評価されているかを知ることができる。この評価に〔ウ　　〕的に反応できる人は、否定的な評価を受けても今後の改善につながる。自己は他者であるという言葉には、自分自身が遠い存在でよくわからないという意味と、自己イメージはもともと〔エ　　〕が抱いていたイメージだという意味がある。

2 右を参考にして、要旨を百字以内にまとめなさい。

内容の理解

思考力・判断力・表現力

第一段落（初め〜p.98 ℓ.5）

1「それ」（九六・6）とは何をさすか。本文中から二十字以内で抜き出しなさい。（記号は字数に含める）

2 筆者は「人の目」は「自分の姿を映し出してくれる鏡」（九七・6）だと述べているが、これはどういう意味か。次から選びなさい。

ア　自分のことが信じられれば、気にする必要のないもの。
イ　自分の姿が客観的にどう見えるかを教えてくれるもの。
ウ　自分が理想としている姿を他人に伝えてくれるもの。
エ　左右が反対に映る鏡のように、真実をゆがめるもの。　〔　　〕

3「人の目は気になって当然なのだ」（九六・4）とあるが、筆者がこのように述べるのは、人にどのような性質があるからか。第一段落（初め〜九六・5）の中から三十字程度で抜き出し、初めと終わりの五字で答えなさい。

〜

第二段落（p.98 ℓ.6〜p.100 ℓ.6）

4「僕たちの自己は……映し出されたものだ」（九六・14〜九九・1）とはどういうことか。具体的な内容が述べられている一文を本文中から抜き出し、初めと終わりの五字で答えなさい。

脚問2

〜

5「認知的に反応できる人」（九九・14）とは、どういう人か。次から選びなさい。

ア　仲間どうしで集まり、互いに肯定的な評価をする人。
イ　人から好意的に評価されても無反応な人。
ウ　人から否定的に見られると気持ちが落ち込む人。
エ　人から受けた評価をもとに論理的に自己分析できる人。　〔　　〕

6「自己とは他者である」（一〇〇・7）という言葉の意味を、第三段落（一〇〇・7〜終わり）の中から二つ抜き出し、それぞれ初めと終わりの五字で答えなさい。（記号は含まない）

学習四

〜

〜

第三段落（p.100 ℓ.7〜終わり）

7「自己は他者である」という言葉の「もう一つの意味」（一〇一・8）を「自己イメージ」と関連させて説明した、次の文の空欄に入る語句を、第三段落の中から①は四字で、②・③は九字で抜き出しなさい。

自己イメージは〔　①　〕が作り出したものではなく、〔　②　〕や〔　③　〕といった、他者がこちらに抱くイメージによって作られているから「自己は他者である」と言える。

①	②	③

全体

8 新傾向　本文から読み取れる筆者の考えをもとに、他者が自分を映し出す「鏡」として機能しているといえる事例を次から選びなさい。

ア　友達に言動の癖を指摘され、以後気をつけるようになった。
イ　姉が読んでおもしろかったと言っていた本を読んでみた。
ウ　足が速い人のフォームを見て、自分も同じように走ってみた。
エ　テストの結果をもとに、どの学校を受験するかを決めた。
オ　自分のいらいらを相手にぶつけてしまったのを自ら反省し、謝った。　〔　　〕

学習目標　各段落の内容や構成を捉え、筆者の提案する「新しい博物学」の意義や可能性について読み取る。

新しい博物学を（池内了）

教科書p.116～p.125

検印

漢字　知識・技能

1 太字の仮名を漢字に直しなさい。

①考え方が**しんとう**〔　　〕する。（p.116 ℓ.3）
②**けんび**〔　　〕鏡が普及する。（p.116 ℓ.5）
③**こうき**〔　　〕心がくすぐられる。（p.116 ℓ.8）
④植物を**しゅうしゅう**〔　　〕する。（p.116 ℓ.9）
⑤自然の**せつり**〔　　〕。（p.117 ℓ.5）
⑥技術の**きそ**〔　　〕をなす。（p.118 ℓ.1）
⑦**てんけい**〔　　〕的な例。（p.118 ℓ.2）
⑧**じょうき**〔　　〕機関車。（p.118 ℓ.3）
⑨**せんもん**〔　　〕用語だらけだ。（p.119 ℓ.9）
⑩**そがい**〔　　〕感を持つ。（p.119 ℓ.10）
⑪国民の福利に**きよ**〔　　〕する。（p.120 ℓ.4）
⑫書物に**きさい**〔　　〕する。（p.120 ℓ.12）
⑬一端を**しょうかい**〔　　〕する。（p.121 ℓ.3）
⑭**ようしょく**〔　　〕フグ。（p.121 ℓ.12）
⑮**はいご**〔　　〕関係を調べる。（p.122 ℓ.2）
⑯時代の**へんせん**〔　　〕。（p.122 ℓ.12）
⑰実験が**せいこう**〔　　〕する。（p.124 ℓ.7）

2 太字の漢字の読みを記しなさい。

①観察に**励**〔　　〕む。（p.116 ℓ.7）
②十九世紀**半**〔　　〕ば。（p.117 ℓ.3）
③**意図**〔　　〕を読み解く。（p.117 ℓ.5）
④平和の**旗印**〔　　〕。（p.118 ℓ.8）
⑤**過言**〔　　〕ではない。（p.118 ℓ.15）
⑥**等身大**〔　　〕の世界。（p.119 ℓ.5）
⑦科学の**言明**〔　　〕。（p.119 ℓ.7）
⑧**肩肘**〔　　〕張る。（p.120 ℓ.1）
⑨有用性を**説**〔　　〕く。（p.120 ℓ.1）
⑩個人の**営**〔　　〕み。（p.120 ℓ.7）
⑪壁を**崩**〔　　〕す。（p.121 ℓ.2）
⑫試みの**一端**〔　　〕。（p.121 ℓ.3）
⑬俳句を**渉猟**〔　　〕する。（p.121 ℓ.15）
⑭方法を**探**〔　　〕る。（p.121 ℓ.15）
⑮伝説の**由来**〔　　〕。（p.122 ℓ.11）
⑯知見に**触**〔　　〕れる。（p.122 ℓ.13）
⑰**一顧**〔　　〕だにしない。（p.124 ℓ.5）

語句　知識・技能

1 次の太字の語句の意味を調べなさい。

①**蘊蓄**《うんちく》を語る。（p.120 ℓ.3）〔　　〕
②紫式部と清少納言の間の**確執**。（p.122 ℓ.2）〔　　〕
③七夕伝説の**由来**を紹介する。（p.122 ℓ.11）〔　　〕
④天文学上の**知見**にも触れていく。（p.122 ℓ.13）〔　　〕

2 次の語句を使って短文を作りなさい。

①過言ではない（p.118 ℓ.15）〔　　〕
②命運を担う（p.120 ℓ.1）〔　　〕
③一顧だにしない（p.124 ℓ.5）〔　　〕

論理の把握

1 空欄に本文中の語句を入れて、内容を整理しなさい。 思考力・判断力・表現力 ▶学習一

第一段落（初め～ p.117 ℓ.6）	第二段落（p.118 ℓ.1～p.118 ℓ.15）	第三段落（p.119 ℓ.1～p.121 ℓ.4）	第四段落（p.121 ℓ.5～終わり）
近代科学 ガリレオに始まりニュートンによって集大成された。 ⇔ 同時並行的に 自然観察のための〔ア〕とグローバル化した〔イ〕の集積によって科学の〔ウ〕が進み、〔エ〕が科学の主流となった。人々は自然の摂理に神の意図を読み解く〔オ〕を楽しんだ。	産業革命以来 ・技術の発展→〔カ〕から〔キ〕へ、デカルトが主張した要素還元主義を旗印とするサイエンス（〔ク〕）へと科学を変質させた。 ・今や、変質した科学が〔ケ〕を通じて現代の〔コ〕を駆動していると言っても過言ではない。	サイエンスへと変質した結果 ・科学は等身大の世界から〔サ〕、国の〔シ〕を担うかのように言い立てられ、日常における〔ス〕の営みからはるかに離れてしまった。 ⬅ 筆者の主張 どうかして科学を〔セ〕に引き寄せ、今一度科学の〔ソ〕を取り戻せないかと、私は「新しい博物学」を提案している。	「新しい博物学」の例の紹介と可能性 あらゆるモノをめぐる〔タ〕な営みをつなぎ合わせた〔チ〕の学問「新しい博物学」は、役に立たなくても、新しいものをつけ加えなくても、知的に楽しく、これまでと違った目で〔ツ〕を眺めることができる。二十一世紀という時代の科学の一つの〔テ〕ではないか。

要旨

1 空欄に本文中の語句を入れて、全体の要旨を整理しなさい。 思考力・判断力・表現力

近代科学がニュートンによって集大成されたころ、人々は、〔ア〕にとどまらず「自然哲学」を楽しんでいた。しかし、〔イ〕に始まる技術の発展が、科学を自然哲学から自然科学へと変質させ、〔ウ〕は人々の楽しみとは〔エ〕のものとなった。今一度科学の楽しみを取り戻せないかと、私は「新しい博物学」を提案している。〔オ〕の学問として、「新しい博物学」は二十一世紀という時代の科学の一つの目標ではないか。

2 右を参考にして、要旨を百字以内にまとめなさい。

内容の理解

思考力・判断力・表現力

第一段落（初め～p.117 ℓ.6）

1 「私は、……科学の大衆化もほぼ同時並行的に進んでいたと思っている」（一一六・4～5）について、次の問いに答えなさい。

(1) 「科学の大衆化」を進めた要因だと筆者が考えているものは何か。本文中から二十五字以内で抜き出しなさい。

(2) 「科学の大衆化」は、どういう状況を生んだか。本文中から三十五字以内で抜き出し、初めと終わりの五字で答えなさい。（記号は含まない）

～

第二段落（p.118 ℓ.1～p.118 ℓ.15）

2 サイエンスでは「物質の見かけの姿の共通性や異質性の理由を、……求めていく方法」（一一八・5～6）で追究したが、それ以前の「博物学」では共通性や異質性の理由は何だと考えられていたか。本文中から五字以内で抜き出しなさい。

3 「現在から見れば、『変質』ではなく、『王道』を発見したことになる」（一一八・8）とあるが、「王道」と述べる理由として適当ではないものを次から選びなさい。

ア　現在では、自然哲学と自然科学に対する人々の評価が大きく変わっているから。

イ　現在では、要素還元主義を旗印とする自然科学の有効さが認められているから。

ウ　現在では、自然科学にも神の意図が影響していると考えられるから。

エ　現在では、マクロからミクロへという変化によってもたらされた技術が文明を支えているから。

〔　　〕

第三段落（p.119 ℓ.1～p.121 ℓ.4）

4 「科学の対象が等身大の世界から外れてしまった」（一一九・5）とあるが、「等身大の世界」から外れたことで失われたものを、次からすべて選びなさい。

ア　不信感　　イ　直感　　ウ　実感

エ　充実感　　オ　疎外感

〔　　〕

5 「文系や理系という余計な壁」（一二一・2）という表現にこめられた筆者の意図として、適当なものを次から選びなさい。

ア　文系の新しい視点も加えて科学の楽しみを取り戻したい。

イ　科学の奥深さは文系でなければ観賞できないものだ。

ウ　科学を発展させるために文系の分野を減らすべきだ。

エ　「理科嫌い」の子供たちをなんとかして減らしたい。

〔　　〕

第四段落（p.121 ℓ.5～終わり）

6 「二十一世紀という時代の科学の一つの目標」（一二四・12）とは何か。適当なものを次から選びなさい。

ア　「新しい博物学」を科学に代えて定着させること。

イ　「科学」と「文学」の間に立って仲を取り持つこと。

ウ　科学を知的に楽しい総合知の学問に育てること。

エ　十八世紀のような科学の大衆化を実現すること。

〔　　〕

全体

7 新傾向　次の図は、生徒が「新しい博物学」についてまとめたものである。空欄にあてはまる語句を、本文中から抜き出しなさい。　▼学習三

現在の科学

〔　①　〕主義

（マクロ→ミクロへ）

↓

学問分野の分化、専門化

→科学の疎外

⇩

「新しい博物学」

専門分化されたものを総合化（＝歴史学、文学などを加えた〔　②　〕の復権）

→〔　③　〕の学問としての「新しい博物学」

①

②

③

学習目標　哲学が物事の「本質」を洞察する営みであること、またそのために重要な哲学的思考の初歩を学ぶ。

哲学的思考とは何か（苫野一徳）

教科書p.126〜p.138

検印

漢字

1 太字の仮名を漢字に直しなさい。

- p.126 ℓ.2　①哲学という**いとな**〔　〕み。
- p.127 ℓ.3　②真理を**どうさつ**〔　〕する。
- p.127 ℓ.5　③簡略化の**けいこう**〔　〕がある。
- p.128 ℓ.7　④真理を**たんきゅう**〔　〕する。
- p.129 ℓ.1　⑤考えを**こうかん**〔　〕し合う。
- p.129 ℓ.5　⑥**ゆうしきしゃ**〔　〕会議。
- p.129 ℓ.6　⑦誤りも**けっこう**〔　〕多い。
- p.130 ℓ.3　⑧信念を**きょうこ**〔　〕に持つ。
- p.130 ℓ.5　⑨学力で**じょれつ**〔　〕をつける。
- p.130 ℓ.7　⑩**じゅうじゅん**〔　〕な子供。
- p.130 ℓ.14　⑪人の目を**くも**〔　〕らせる。
- p.131 ℓ.7　⑫国家の**そんぞく**〔　〕や発展。
- p.133 ℓ.5　⑬具体例を**れっきょ**〔　〕する。
- p.135 ℓ.1　⑭**げんみつ**〔　〕に定義する。
- p.136 ℓ.6　⑮天地**そうぞう**〔　〕の神話。
- p.136 ℓ.8　⑯神への**しんこう**〔　〕が厚い。
- p.137 ℓ.11　⑰過去の**いだい**〔　〕な哲学者。

2 太字の漢字の読みを記しなさい。　知識・技能

- p.126 ℓ.9　①話に**納得**〔　〕する。
- p.128 ℓ.1　②思考を受け**継**〔　〕ぐ。
- p.128 ℓ.1　③計画を**推**〔　〕し進める。
- p.128 ℓ.12　④**過度**〔　〕に評価しない。
- p.129 ℓ.11　⑤本質を**観取**〔　〕する。
- p.130 ℓ.7　⑥**監獄**〔　〕のような場所。
- p.131 ℓ.9　⑦人を**欺**〔　〕くのはよくない。
- p.132 ℓ.9　⑧感想を有り**体**〔　〕に言う。
- p.133 ℓ.9　⑨人間は平等か**否**〔　〕か。
- p.133 ℓ.10　⑩**種**〔　〕としての人間。
- p.134 ℓ.8　⑪考え合うに**値**〔　〕する問い。
- p.134 ℓ.10　⑫砂の**塊**〔　〕がある。
- p.135 ℓ.2　⑬**箱庭**〔　〕職人を自称する。
- p.135 ℓ.13　⑭どう**頑張**〔　〕っても無理だ。
- p.136 ℓ.8　⑮相手を**尊重**〔　〕する。
- p.137 ℓ.9　⑯難問に**挑**〔　〕み続ける。
- p.137 ℓ.12　⑰偽物を**撃破**〔　〕する。

語句

1 次の太字の語句の意味を調べなさい。　知識・技能

- p.132 ℓ.9　①**有り体**に言うなら、君の作品は駄作だ。
〔　　　　〕
- p.133 ℓ.9　②人間は**生来**平等か。
〔　　　　〕
- p.134 ℓ.4　③決着のつかない**堂々巡り**の議論を繰り返す。
〔　　　　〕

2 次の空欄にあとから適語を選んで入れなさい。

- p.127 ℓ.14　①答えのない問題をただ〔　〕考える。
- p.129 ℓ.10　②彼が今回の数学のテストの成績が良かったのは、〔　〕山が当たったからだろう。
- p.133 ℓ.7　③この問題は、〔　〕話に上る。
- p.133 ℓ.13　④平等な社会は、〔　〕実現しない。

（　ぐるぐる　しばしば　たまたま　なかなか　）

3 次の語句を使って短文を作りなさい。

- p.134 ℓ.8　①建設的
〔　　　　〕
- p.136 ℓ.4　②〜の域を出ない
〔　　　　〕

論理の把握　思考力・判断力・表現力　▼学習一

1 空欄に本文中の語句を入れて、内容を整理しなさい。

第一段落 （初め〜 p.128 ℓ.7）	第二段落 （p.128 ℓ.8〜p.131 ℓ.3）	第三段落 （p.131 ℓ.4〜終わり）
哲学とは何か？ → さまざまな物事の「本質」を捉える営み 現代は「〔ア　　〕主義」の時代 ＝この世に絶対に〔イ　　〕ことなんてない ≠「共通了解」至ることはできない ⇧でも 〔ウ　　〕を通して物事の「本質」を理解し合える可能性はある 問題をとことん考え抜き、ちゃんと「〔エ　　〕」こと できるだけ誰もが納得できるような「共通了解」の探究 大事な哲学の本質	哲学的思考法の初歩 →「一般化のワナ」と「問い方のマジック」 ◎「一般化のワナ」＝自分の〔オ　　〕を過度に一般化して、正しいこととして主張 ⇧妨げる 「〔カ　　〕」＝物事の「本質」を洞察する思考の方法 誰もが「本質的だ」となるような言葉をつむぐこと ▼自分の意見が「一般化のワナ」に陥っていないか、たえず振り返る必要がある	◎「問い方のマジック」＝〔キ　　〕的な問い まるでどちらかが正しい答えであるかのように人を欺く Q．人間は生まれながらに平等な存在か、それとも不平等な存在か？ ↳「問い方のマジック」にひっかかった「〔ク　　〕問題」 ⇩ Q．私たちは、互いに何をどの程度平等な存在として認め合う社会を作るべきだろう？ ↳〔ケ　　〕的で意味のある問い ▼問うに値する問いへの立て直し＝哲学の本領の半分くらい 哲学の歴史＝こうした問題との戦いの歴史

要旨　思考力・判断力・表現力

1 空欄に本文中の語句を入れて、全体の要旨を整理しなさい。

〔ア　　〕とは問題を考え抜き、できるだけ誰もが納得できる「〔イ　　〕」を見いだそうとする営みである。そのためには、自分の経験を過度に一般化して、それを正しいものとして主張してしまう「一般化のワナ」に陥らないよう、自分の意見をたえず振り返ることが必要である。また、〔ウ　　〕的な、どちらかが正しいと人に思い込ませてしまう「〔エ　　〕のトリック」にひっかかった「〔オ　　〕」を意味のある問いに立て直すことが必要である。

2 右を参考にして、要旨を百字以内にまとめなさい。

内容の理解

思考力・判断力・表現力

第一段落（初め～p.128 ℓ.7）

1 「『相対主義』の時代」（一二六・4）である現代において、「さまざまな物事の『本質』」（一二六・1）とはどのような性質のものになっているか。本文中から二十五字以内で抜き出しなさい。

2 「『絶対に正しいことなんて何もない』と言って問題を済ませようとする傾向」（一二七・4）の問題点について説明した次の文の空欄にあてはまる語句を、解答欄の字数に合うように本文中から抜き出しなさい。

〔①〕を解消したり、〔②〕し合ったりすることが求められる状況においては、「〔③〕」が必要となるため、「〔④〕は人それぞれだ」と見なすだけでは問題を解決できない。

①　②　③　④

3 「それ」（一二八・5）とは何をさすか。本文中の語句を用いて二十五字以内で答えなさい。

第二段落

4 「自分の『経験』はあくまで自分の経験に過ぎない」（一二九・8）とはどういうことか。次から選びなさい。

ア　自分のした経験は他の人に当てはまる場合もあるが、当てはまらない場合も当然あるということ。

イ　自分の経験は自分の中にしかなく、他の人を説得するための証拠として提示することはできないものだということ。

ウ　他人の経験は他人「自身」の経験でしかなく、それを論拠に自分の経験が否定されることはないということ。

エ　自分自身の経験をもとに考えるというのは危険なことであり、できる限り避けるべきであるということ。

〔　〕

第二段落（p.128 ℓ.8～p.131 ℓ.3）

5 「独りよがりの考え」（一三一・1）と同じ意味の表現を、本文中から十五字以内で抜き出しなさい。

6 「マジック」（一三一・3）という言葉は、ここではどのような意味で使われているか。本文中の語句を用いて簡潔に答えなさい。

第三段落（p.131 ℓ.4～終わり）

7 新傾向 「『問い方のマジック』にひっかかった『ニセ問題』」（一三一・7～8）の例としてあてはまらないものを次から選びなさい。

ア　車と鉄道は、乗り物としてどちらのほうが便利か？

イ　クジラは哺乳類か、それとも哺乳類ではないか？

ウ　テレビを視聴することは教育によいか、悪いか？

エ　バラの花とラベンダーの花は、どちらが美しいか？

〔　〕

8 「哲学の本領の半分くらい」（一三七・5）に関する説明として、適当でないものはどれか。次から一つ選びなさい。

ア　「ニセ問題」は「どちらが正しいか」という形式をとる。

イ　「意味のある問い」は「どのような」「どういう」などの形式をとる。

ウ　どんな問いもしっかりと問い直せば「問うに値する問い」になる。

エ　問いを考え「答え抜く」ために、「問いの立て直し」は重要である。

〔　〕

学習目標　SNSにおける意見の分極化の背景を捉え、SNSで情報を発信する際の留意点に意識を向ける。

SNSと意見の分極化（岡本真一郎）

教科書 p.140〜p.147

検印

漢字　知識・技能

1 太字の仮名を漢字に直しなさい。

① 情報をかくさん〔　　〕する。（p.140 ℓ.8）
② じっしょう〔　　〕的な研究。（p.140 ℓ.9）
③ 内容をぶんせき〔　　〕する。（p.141 ℓ.4）
④ 問題点をしてき〔　　〕する。（p.141 ℓ.7）
⑤ 話はようい〔　　〕に推測される。（p.141 ℓ.12）
⑥ きょくたん〔　　〕な結論になる。（p.142 ℓ.3）
⑦ もう少しくわ〔　　〕しく考える。（p.142 ℓ.11）
⑧ 批判にきょぜつ〔　　〕的になる。（p.143 ℓ.9）
⑨ 責任をかいひ〔　　〕する。（p.143 ℓ.13）
⑩ ちんもく〔　　〕を保つ。（p.144 ℓ.2）
⑪ 発言をひか〔　　〕える。（p.144 ℓ.7）
⑫ 新理論をていしょう〔　　〕する。（p.144 ℓ.9）
⑬ 分極化をそくしん〔　　〕する。（p.144 ℓ.10）
⑭ 意見をていせい〔　　〕する。（p.145 ℓ.12）
⑮ きぎょう〔　　〕として対応する。（p.146 ℓ.4）
⑯ 対策をしえん〔　　〕する。（p.146 ℓ.5）
⑰ 体制をこうちく〔　　〕する。（p.146 ℓ.13）

2 太字の漢字の読みを記しなさい。

① 誤情報が横行〔　　〕する。（p.140 ℓ.5）
② 分極化を助長〔　　〕する。（p.140 ℓ.7）
③ 真偽〔　　〕を見定める。（p.141 ℓ.4）
④ 目に触〔　　〕れていない内容。（p.141 ℓ.6）
⑤ 意図〔　　〕しない結果。（p.141 ℓ.11）
⑥ 予期に添〔　　〕うようにする。（p.141 ℓ.12）
⑦ 賛否〔　　〕が分かれる。（p.142 ℓ.2）
⑧ 議論が交〔　　〕わされる。（p.142 ℓ.5）
⑨ 著名人〔　　〕の意見。（p.142 ℓ.15）
⑩ 論拠〔　　〕を得る。（p.143 ℓ.1）
⑪ 目に留〔　　〕まりにくい。（p.143 ℓ.5）
⑫ 匿名〔　　〕で発信する。（p.143 ℓ.12）
⑬ 露骨〔　　〕に反発する。（p.143 ℓ.15）
⑭ 人気に拍車〔　　〕がかかる。（p.144 ℓ.1）
⑮ 自分と似通〔　　〕った意見。（p.144 ℓ.5）
⑯ SNSの普及〔　　〕。（p.144 ℓ.9）
⑰ 偏〔　　〕った情報。（p.145 ℓ.5）

語句　知識・技能

1 次の太字の語句の意味を調べなさい。

① 情報の広がりが速いことは自明である。（p.141 ℓ.1）
〔　　〕
② ツイッターの情報が一人歩きする。（p.141 ℓ.15）
〔　　〕
③ 意見の偏りに拍車がかかる。（p.144 ℓ.1）
〔　　〕

2 次の空欄にあとから適語を選んで入れなさい。

① 間違っていたら自分に都合が悪いので、間違いかどうかは、〔　　〕確認しない。（p.141 ℓ.14）
② 注目されると〔　　〕うれしくなる。（p.143 ℓ.10）
③ 偽情報、〔　　〕フェイクニュースに影響される。（p.146 ℓ.2）

（あえて　いわゆる　いきおい）

3 次の語句を使って短文を作りなさい。

① 〜にしろ〜にしろ（p.142 ℓ.3）
〔　　〕
② 目に留まる（p.143 ℓ.5）
〔　　〕

論理の把握

思考力・判断力・表現力

1 空欄に本文中の語句を入れて、内容を整理しなさい。 ▼学習一

第一段落（初め～ p.140 ℓ.9）	第二段落（p.140 ℓ.10～p.141 ℓ.15）	第三段落（p.142 ℓ.1～p.144 ℓ.1）	第四段落（p.144 ℓ.2～p.145 ℓ.4）	第五段落（p.145 ℓ.5～終わり）
〔ア　　〕の普及（ここ二十年での情報環境の変化） ↓ SNSでの情報発信 → 誤情報や〔イ　　〕の横行 → 〔ウ　　〕の分極化を助長して人々の対立を深めている？	例 ツイッターでの情報拡散の速度 正しい情報 ＜ 誤った情報 ＝〔エ　　〕がある・でっち上げられやすい ◎SNSでの誤情報・偽情報の発信 → 情報の一人歩き 理由 思考傾向（動機付けられた推論）や認知・記憶（〔オ　　〕バイアス）のゆがみ	◎SNSでの意見の分極化＝〔カ　　〕分極化…多数意見に引きずられて結論が極端化 理由 説得力のある議論の積み重ねによる極端化（議論の積み重ね） 皆に理想的と思われる意見への接近（理想化） 自分だけが責任を負わなくてよい状況（責任の〔キ　　〕）	別の要因「〔ク　　〕の螺旋」 ・自分が多数派なら発言・同調 → 多数派はどんどん発言 ・自分が少数派なら発言しない → 少数派はますます発言を控える ⇩ 多数派の強化	◎誤情報への対策 ・意見の訂正…受け手が信頼している情報源を使う・具体的なデータや画像を示す ・影響の防止…情報の提供者（企業）が怪しい情報を明示・〔ケ　　〕チェック ・検証の構え…自分の判断にも〔コ　　〕があり得るという自覚が重要 ・手法の模索…フェイクニュースに有効な対抗手法を更に検証する必要

要旨

思考力・判断力・表現力

1 空欄に本文中の語句を入れて、全体の要旨を整理しなさい。

SNSでは、動機付けられた〔ア　　〕や確証性バイアスにより、確認が不十分な情報が発信され、議論の積み重ねや〔イ　　〕、責任の回避により、意見の〔ウ　　〕が起きる。また、〔エ　　〕の意見が強化される「沈黙の螺旋」も、それを促進する。誤情報に対しては、極端化した意見の訂正やフェイクニュースの影響防止、事実の真偽を検証する構えを持つこと、自身の持つ〔オ　　〕の自覚などで対処しつつ、有効な手法をさらに検証する必要がある。

2 右を参考にして、要旨を百字以内にまとめなさい。

内容の理解

思考力・判断力・表現力

第一段落（初め〜p.140 ℓ.9）

1 「それ」（一四〇・6）とは何をさすか。解答欄に合うように、本文中から二十五字以内で抜き出しなさい。

SNSでは、［　　　　　　　　　　　　　　　　　　　　　　　　　］こと。

第二段落（p.140 ℓ.10〜p.141 ℓ.15）

2 「（もし本当であれば）重要だと感じられる内容」（一四一・7）の意味として、最も適当なものを次から選びなさい。

ア　もし本当であれば重要と感じられるはずだが、重要だと感じられないために本当と見なされない内容。

イ　もし本当であれば重要であるが、実際には本当ではないから重要とは見なされないはずの内容。

ウ　もし本当であれば重要なために、本当ではないとわかっていても重要だと感じてしまう内容。

エ　もし本当であれば重要なので、実際に本当になる可能性を検討し続けなければならない内容。

〔　　〕

第三段落（p.142 ℓ.1〜p.144 ℓ.1）

3 「多くの『いいね』や賛同の返信」（一四三・6）が寄せられるのは、ツイッターにいる人々がどのような傾向を持つからだと考えられるか。解答欄に合うように、本文中から二十五字以内で抜き出しなさい。

ツイッターの利用者には、［　　　　　　　　　　　　　　　　　　　　　　　　　］から。

4 新傾向 「沈黙の螺旋」（一四四・2〜3）の理論にあてはまらない例を次から選びなさい。

第四段落（p.144 ℓ.2〜p.145 ℓ.4）

ア　小説の解釈を話していたけれど、Aさんはわがままですぐ怒るから、その意見に表立って反対しようという人はいない。みんなわかっていて黙っているようだし、自分も黙っておいた。

イ　前回の委員会活動の反省会をしているが、よかった点を述べる人ばかりだ。自分は改善点も見つけたのだが、この状況で発言しても空気を悪くするだけだろうから、指摘はやめておこう。

ウ　文化祭の出し物を決める会議をしているが、自分と同様カフェを希望する声が多い。他の出し物を強く推す意見もあまりないし、自分もカフェの魅力をアピールしてみようかな。

エ　修学旅行の行き先について話し合いをしたが、自分の推す北海道行きの意見よりも京都行きの意見が多く、自分に賛同してくれる人も少なかったので、次はおとなしくしていようと思う。

〔　　〕

5 「そうしたバイアス」（一四六・11）とは何をさすか。本文中から抜き出し、初めと終わりの五字で答えなさい。

第五段落

［　　　　　］〜［　　　　　］

全体

6 本文の内容について述べた次の説明から、適当でないものを一つ選びなさい。

ア　まず疑問を提示してそれに対する解答を示すという論展開を基本としており、それが文章全体で繰り返し用いられている。

イ　理論と事例との対応を、追いやすいように括弧書きで示すなど、読者を混乱させないための表現上の配慮が見られる。

ウ　新しい時代の社会問題について、具体的な実験や調査の結果を引用しながら、その原因や対処法について詳しく説明している。

エ　インターネット時代においては、既存の理論で情報拡散や意見の分極化を説明できなくなったことを示し、新たな理論を提示している。

〔　　〕

学習目標　事例と文章構成の関係を捉え、「コミュニケーションの文化」についての筆者の主張を読み取る。

コミュニケーションの文化（平田オリザ）

教科書p.148～p.156

検印

漢字

1 太字の仮名を漢字に直しなさい。

p.148 ℓ.1 ①演劇の**そうさく**〔　　〕活動。
p.148 ℓ.1 ②演劇**こうざ**〔　　〕を始める。
p.149 ℓ.1 ③最新の情報を**も**〔　　〕り込む。
p.149 ℓ.12 ④これが**むずか**〔　　〕しい。
p.150 ℓ.1 ⑤**なっとく**〔　　〕はした。
p.150 ℓ.4 ⑥**いがい**〔　　〕と苦手な人が多い。
p.151 ℓ.6 ⑦全国的な**へいきん**〔　　〕。
p.151 ℓ.8 ⑧自分の言語**きはん**〔　　〕。
p.152 ℓ.4 ⑨人種や**みんぞく**〔　　〕の違い。
p.152 ℓ.8 ⑩**ふゆう**〔　　〕層特有のマナー。
p.153 ℓ.4 ⑪**あっとうてき**〔　　〕に高い。
p.153 ℓ.4 ⑫**かいたく**〔　　〕からの歴史。
p.154 ℓ.3 ⑬早い**だんかい**〔　　〕で表す。
p.154 ℓ.3 ⑭**きんちょう**〔　　〕感やストレス。
p.154 ℓ.13 ⑮問題を**はあく**〔　　〕する。
p.155 ℓ.2 ⑯きちんと**ぶんせき**〔　　〕する。
p.155 ℓ.2 ⑰**つちか**〔　　〕ってきた文化。

2 太字の漢字の読みを記しなさい。　知識・技能

p.148 ℓ.3 ①**高齢**〔　　〕者向けの商品。
p.148 ℓ.8 ②授業で使う**教材**〔　　〕。
p.149 ℓ.4 ③席の**譲**〔　　〕り合い。
p.149 ℓ.8 ④**尋問**〔　　〕口調になる。
p.150 ℓ.6 ⑤**結構**〔　　〕人に話しかける。
p.150 ℓ.11 ⑥**数値**〔　　〕が上がる。
p.151 ℓ.2 ⑦**怖**〔　　〕そうじゃない人。
p.151 ℓ.11 ⑧主な**要素**〔　　〕を説明する。
p.152 ℓ.8 ⑨**子弟**〔　　〕をイギリスに送る。
p.152 ℓ.12 ⑩**偏見**〔　　〕もあると思う。
p.153 ℓ.6 ⑪**風土**〔　　〕の違い。
p.153 ℓ.8 ⑫**無言**〔　　〕でいることはない。
p.153 ℓ.11 ⑬**翻**〔　　〕って日本はどうか。
p.154 ℓ.8 ⑭百四十年前に**遡**〔　　〕る。
p.154 ℓ.13 ⑮議論の**前提**〔　　〕にする。
p.155 ℓ.3 ⑯**真剣**〔　　〕に考える。
p.155 ℓ.8 ⑰少数派と**認識**〔　　〕する。

語句　知識・技能

1 次の太字の語句の意味を調べなさい。

p.149 ℓ.6 ①なんの**変哲もない**台本。〔　　〕
ℓ.7 ②**存外**うまくいかない。〔　　〕
p.150 ℓ.11 ③**おしなべて**近い数字になる。〔　　〕

2 次の語句を言い換えた語を後の語群から選びなさい。

p.148 ℓ.5 ①コミュニケーション〔　　〕
ℓ.5 ②エクササイズ〔　　〕
ℓ.7 ③レクチャー〔　　〕
p.152 ℓ.11 ④マナー〔　　〕

（講義　意思伝達　礼儀　練習）

3 次の語句を使って短文を作りなさい。

p.152 ℓ.10 ①むやみに〔　　〕
ℓ.14 ②ちなみに〔　　〕

論理の把握

1 空欄に本文中の語句を入れて、内容を整理しなさい。

思考力・判断力・表現力

第一段落（初め〜p.148 ℓ.4）	演劇講座を始めて二十年近くになる。高校の演劇部のほか、大学や高齢者、障害者、海外の大学などでも教えている。
第二段落（p.148 ℓ.5〜p.150 ℓ.2）	講座で「列車の中で〔ア〕に声をかける」というスキットを行うと、高校生はうまく発話できない。 ↓理由：「〔イ〕会った人と話したことがないから。」
第三段落（p.150 ℓ.3〜p.151 ℓ.15）	社会人でも〔ウ〕に話しかけるのが苦手な人が多いことに気づいた。 日本・列車などで乗り合わせた人に〔エ〕人は一割程度 ・どんな場合に話しかけるかは「〔オ〕による」
第四段落（p.152 ℓ.1〜p.153 ℓ.6）	同じ質問をすると、 オーストラリアやアメリカ…「話しかける」が五割を超える／イギリス…三割くらい ※オーストラリアの人でも〔カ〕の上流階級の教育を受けると、むやみに〔キ〕に話しかけなくなるという。
第五段落（p.153 ℓ.7〜p.154 ℓ.10）	エレベーターで〔ク〕と乗り合わせた場合 アメリカ…〔ケ〕でいるということはまずない 日本…たいてい〔コ〕 } 文化や風土の違い
第六段落（p.154 ℓ.11〜終わり）	それぞれの国や民族には、それぞれの〔サ〕の文化がある。 ↓国際化の中で、その何を残し、何を変えていかざるを得ないのかを、真剣に考える必要がある。

要旨

1 空欄に本文中の語句を入れて、全体の要旨を整理しなさい。

思考力・判断力・表現力

演劇講座で日本の高校生が〔ア〕会った人に話しかけるのが苦手だとわかった。これは〔イ〕でも同様で話しかける人は一割程度だ。一方、オーストラリアやアメリカでは五割を超える。エレベーターで乗り合わせても、アメリカでは〔ウ〕でいることはないが、日本ではたいてい〔エ〕だ。これは文化や風土の違いで、各国にはそれぞれ〔オ〕文化がある。国際化の中でその何を残し何を変えていくのかを真剣に考える必要がある。

2 右を参考にして、要旨を百字以内にまとめなさい。

内容の理解

思考力・判断力・表現力

第二段落（p.148 ℓ.5〜p.150 ℓ.2）

1 「これを高校生などにやらせてみると存外うまくいかない」（一四九・6）とあるが、高校生たちはなぜ「うまくいかない」と考えているか。本文中から二十字以内で抜き出しなさい。（記号は字数に含める）

第三段落（p.150 ℓ.3〜p.151 ℓ.15）

2 「ここでも意外と、他人に話しかけるのが苦手な人が多いことがわかってきた」（一五〇・4）から、筆者にどのような考えが前提としてあったことがわかるか。次から選びなさい。

ア　社会人は他者と接する機会も多いので、他人に話しかけることがさほど苦手ではないだろう。

イ　日本人であれば、社会人でも他人に話しかけることが苦手な人は多いはずだ。

ウ　カルチャーセンターに来るような演劇経験者は、他人に話しかけることが得意なはずだ。

エ　カルチャーセンターは苦手なことを学ぶところなので、他人に話しかけるのが苦手な人ばかりだろう。

〔　　〕

3 「そういうマナー」（一五一・13）とはどういうマナーか。本文中から三十字以内で抜き出し、初めと終わりの五字で答えなさい。（記号は含まない）

〜

第四段落（p.152 ℓ.1〜p.153 ℓ.6）

4 「オーストラリアやアメリカでは、『話しかける』が五割を超える」（一五三・2）とあるが、その理由を次から選びなさい。

第四段落（p.152 ℓ.1〜p.153 ℓ.6）

ア　国土が広く、長時間の列車の旅になるので、話しかけないと退屈だと思う人が多いから。

イ　開拓からの歴史が浅く、自分が相手にとって安全な人間だということを早く示さなければならないから。

ウ　相手が自分にとってどのような人間かを早く確かめるためには、自分から話しかけることが必要だから。

エ　列車では話しかけられることが多いので、自分からも話しかけようと自然に思うようになるから。

〔　　〕

第五段落（p.153 ℓ.7〜p.154 ℓ.10）

5 「そういうことを声や形にして表すのは野暮だ」（一五四・5）とあるが、「そういうこと」とはどのようなことか。解答欄に合う形で本文中から二十字以内で抜き出しなさい。

ということ。

全体

6 次の中から本文の内容に合致するものを一つ選びなさい。

ア　各国に尊くすぐれたコミュニケーション文化があることを前提としたうえで、今後について考えていくべきだ。

イ　日本人のコミュニケーションは国際社会において少数派なのだから、多数派になれるよう努力するべきだ。

ウ　今後は、日本のコミュニケーション文化を根底から変えていかざるを得ないと覚悟するべきだ。

エ　日本には日本独自のコミュニケーション文化があるということを主張していくべきだ。

〔　　〕

学習目標　猟師としての筆者の体験を捉え、人間の活動と自然の関係について、その問題点を読み取る。

クマを変えてしまう人間（千松信也）

教科書 p.158～p.166

検印

漢字

1 太字の仮名を漢字に直しなさい。

p.158 ℓ.1 ①クマの農業**ひがい**〔　　〕。
p.158 ℓ.2 ②**だいたん**〔　　〕な行動。
p.158 ℓ.4 ③**しんこく**〔　　〕な問題だ。
p.158 ℓ.10 ④状況を**かいぜん**〔　　〕する。
p.159 ℓ.10 ⑤**てきど**〔　　〕に木が枯れる。
p.160 ℓ.2 ⑥クマが**とうみん**〔　　〕する。
p.160 ℓ.8 ⑦**せいぜん**〔　　〕とした森。
p.161 ℓ.5 ⑧クマと**そうぐう**〔　　〕した。
p.161 ℓ.8 ⑨**しんけん**〔　　〕に考えた。
p.161 ℓ.14 ⑩**げんみつ**〔　　〕に伝承される。
p.162 ℓ.5 ⑪弓矢が心臓に**さ**〔　　〕さる。
p.162 ℓ.7 ⑫**にゅうしょく**〔　　〕移民。
p.162 ℓ.10 ⑬ドラム缶を**れんけつ**〔　　〕する。
p.162 ℓ.14 ⑭**ますい**〔　　〕銃で眠らせる。
p.163 ℓ.7 ⑮**ねんぱい**〔　　〕の駆除隊員。
p.163 ℓ.14 ⑯人の**けはい**〔　　〕がない。
p.165 ℓ.3 ⑰**かくりつ**〔　　〕が高い。

2 太字の漢字の読みを記しなさい。　知識・技能

p.158 ℓ.2 ①民家の**軒先**〔　　〕。
p.158 ℓ.8 ②甘い**樹液**〔　　〕。
p.159 ℓ.4 ③重要な**痕跡**〔　　〕の一つ。
p.159 ℓ.7 ④**肥沃**〔　　〕な大地。
p.160 ℓ.1 ⑤ミツバチの**営巣**〔　　〕。
p.160 ℓ.6 ⑥**思惑**〔　　〕に沿った森作り。
p.160 ℓ.13 ⑦クマが**頻繁**〔　　〕に訪れる。
p.160 ℓ.13 ⑧行動**範囲**〔　　〕を広げる。
p.161 ℓ.1 ⑨時代**錯誤**〔　　〕。
p.161 ℓ.1 ⑩クマを**捕獲**〔　　〕する。
p.162 ℓ.11 ⑪餌で**誘引**〔　　〕する。
p.162 ℓ.13 ⑫人里に**出没**〔　　〕する。
p.163 ℓ.6 ⑬**矢面**〔　　〕に立つ。
p.164 ℓ.6 ⑭ドングリの**豊凶**〔　　〕。
p.164 ℓ.11 ⑮**生息**〔　　〕数が増える。
p.164 ℓ.15 ⑯実態を**把握**〔　　〕する。
p.165 ℓ.5 ⑰**腐敗**〔　　〕した肉。

語句　知識・技能

1 次の太字の語句の意味を調べなさい。

p.159 ℓ.7 ①大量の糞で**肥沃**になった大地。〔　　〕
p.161 ℓ.1 ②爪跡も**随所**に見つかった。〔　　〕
p.163 ℓ.5 ③都市部の人と山間部の人の間で**軋轢**《あつれき》**を生む**。〔　　〕
p.163 ℓ.6 ④猟友会の人間が**矢面に立つ**。〔　　〕

2 次の空欄に体の一部を表す漢字を入れなさい。

p.164 ℓ.2 ①柿や栗が〔　　〕に入らないはずがない。
p.165 ℓ.4 ②餌が簡単に〔　　〕に入る。
p.165 ℓ.12 ③シカをクマが襲った話を〔　　〕にする。

3 次の語句を使って短文を作りなさい。

p.158 ℓ.7 ①目にする〔　　〕
p.160 ℓ.8 ②一方で〔　　〕

論理の把握

思考力・判断力・表現力

1 空欄に本文中の語句を入れて、内容を整理しなさい。

第一段落
（初め～ p.160 ℓ.10）

クマの農業被害は、〔ア　　〕や果樹園、〔イ　　〕に及び、〔ウ　　〕の被害も深刻

←

しかし　クマは「熊剝ぎ」によって木を枯らす「〔エ　　〕」としての役割も果たす

←

野生動物の行動は問題視もされるが、森の〔オ　　〕も生み出す

一方　人間の森林利用の代表である林業は、〔カ　　〕とした森を求める

←

多様な木々を必要とする動物と人間とは、〔キ　　〕において対立せざるを得ない

第二段落
（p.160 ℓ.11～p.162 ℓ.12）

二〇一〇年は全国的に人里にクマが大量出没した

理由　餌を求めて〔ク　　〕を広げたため

クマを捕獲するためのわなは、かつては広く用いられていた

しかし　人間が通った場合の〔ケ　　〕から禁止され、現在は有害鳥獣捕獲にのみ餌で〔コ　　〕するわなの利用が認められている

第三段落
（p.162 ℓ.13～終わり）

人里に出没したクマは、たいてい〔サ　　〕される

クマの処置……クマを守れという〔シ　　〕と被害を受ける〔ス　　〕との間で軋轢を生むことも

クマが人里に出没するのは、〔セ　　〕とのかかわりの薄れた現代の暮らしが一因

←

人間活動が及ぼした自然界への影響が、クマの〔ソ　　〕をも変化させている

要旨

思考力・判断力・表現力

1 空欄に本文中の語句を入れて、全体の要旨を整理しなさい。

クマの農業や〔ア　　〕に対する被害は深刻だが、クマは木を枯らすことで「生態改変者」の役割も果たす。森に〔イ　　〕を求める野生動物と、〔ウ　　〕とした森を求める人間とは対立せざるを得ない。クマは行動範囲を広げたが、現在は有害鳥獣にのみ餌で〔エ　　〕するわなの利用が認められている状況だ。人里に出没するクマが増えたのは、〔オ　　〕とのかかわりの薄れた現代の暮らしが一因だ。人間活動が及ぼした自然界への影響が、クマの〔カ　　〕を変えている。

2 右を参考にして、要旨を百字以内にまとめなさい。

内容の理解

思考力・判断力・表現力

第一段落（初め～p.160 ℓ.10）

1「クマが木の皮を剝ぐ」（一五八・8）ことで『生態改変者』としての役割を果たしている」（一五八・9）とあるが、それを説明した一文を本文中から抜き出し、初めの五字で答えなさい。　▼脚問1

2 クマ・シカ・イノシシなどが木を枯らすことについて、筆者はどのように捉えているか。それがわかる箇所を本文中から十七字で抜き出し、初めと終わりの五字で答えなさい。

～

3「それぞれの思惑に沿った森作り」（一六〇・6）とは、どういうことか。次から選びなさい。　▼脚問2

ア　木々が生育しやすくなることを第一とするような森作り。
イ　他の動物に配慮し、対立を避けるような森作り。
ウ　個々の動物が、自身の生活の都合に従って行う森作り。
エ　人間とも協調できるような、余裕のある森づくり。

4「均一な木々が並ぶ森を求める人間」（一六〇・8）とあるが、なぜ均一な木々を求めるのか。本文中の語句を用いて答えなさい。

第二段落（p.160 ℓ.11～p.162 ℓ.12）

5 東北地方のオシと北海道のアイヌ民族のアマッポが禁止された大きな理由は何か。本文中の語句を用いて答えなさい。

6「人間も動物もお互いの境目がわからなくなっちまってんのかなあ」（一六二・11）とあるが、こうなった要因が述べられている一文を本文中から抜き出し、初めの五字で答えなさい。

第三段落（p.162 ℓ.13～終わり）

7「クマにとっては最高の環境だ」（一六四・1）とあるが、なぜ「最高」と言えるのか。次から選びなさい。　▼脚問3

ア　里山の森は餌が豊富で、人間からも身を隠せるから。
イ　人間の身近に住めば、保護してもらうことができるから。
ウ　においを覚えれば、人間を恐れなくてもよくなるから。
エ　人間から学習することで、より賢くなれるから。

8「最近はドングリが……出没することもある。」（一六四・10～11）とあるが、クマの生息数が増えたこと以外に、どういうことが理由として考えられるか。二点、本文中の語句を用いて答えなさい。

9「人間活動が及ぼした自然界への影響」（一六五・13）として適当でないものを、次から一つ選びなさい。　▼学習三

ア　草食に近いはずのクマが、肉をよく口にしていること。
イ　クマが樹皮を剝ぐようになり、木が変形していること。
ウ　クマが、放置された里山の森を餌場にしていること。
エ　人間を恐れないクマが増えていること。

学習目標　カブトムシが商品として売られる理由を物質循環を担っていた里山という視点から捉える。

カブトムシから考える里山と物質循環（大倉茂）

教科書 p.167～p.180

検印

漢字

1 太字の仮名を漢字に直しなさい。

①（p.167 ℓ.1）日々思い**めぐ**〔　　〕らす。
②（p.168 ℓ.2）**ちゅうしゃじょう**〔　　〕の電灯。
③（p.169 ℓ.1）作物を**しゅうかく**〔　　〕する。
④（p.169 ℓ.9）**そくざ**〔　　〕に反応する。
⑤（p.170 ℓ.8）別々の側面を**そな**〔　　〕える。
⑥（p.170 ℓ.11）カブトムシの話に**もど**〔　　〕る。
⑦（p.171 ℓ.9）自然と**きょり**〔　　〕を取る。
⑧（p.171 ℓ.14）自然を**はかい**〔　　〕する。
⑨（p.172 ℓ.9）洋服を**こうにゅう**〔　　〕する。
⑩（p.175 ℓ.13）化学物質による**おせん**〔　　〕。
⑪（p.176 ℓ.3）里山が**こうはい**〔　　〕する。
⑫（p.176 ℓ.9）自然が**へんよう**〔　　〕する。
⑬（p.177 ℓ.5）生活に深く**しんとう**〔　　〕する。
⑭（p.177 ℓ.13）議論を**えんちょう**〔　　〕する。
⑮（p.177 ℓ.15）根本的な**げんいん**〔　　〕。
⑯（p.178 ℓ.3）理論を**じっせん**〔　　〕に移す。
⑰（p.178 ℓ.9）**しょうらい**〔　　〕の社会。

2 太字の漢字の読みを記しなさい。　知識・技能

①（p.167 ℓ.4）数メートル先の**道端**〔　　〕。
②（p.167 ℓ.6）そばの生け**垣**〔　　〕。
③（p.168 ℓ.3）カブトムシを**捕**〔　　〕まえる。
④（p.168 ℓ.6）**珍**〔　　〕しい昆虫。
⑤（p.168 ℓ.15）**狩猟**〔　　〕に用いる道具。
⑥（p.169 ℓ.1）**牧畜**〔　　〕を行う。
⑦（p.169 ℓ.7）**秩序**〔　　〕あるまとまり。
⑧（p.170 ℓ.4）歳時記が**育**〔　　〕まれる。
⑨（p.171 ℓ.8）**徐々**〔　　〕に差が開く。
⑩（p.172 ℓ.3）**舗装**〔　　〕された道路。
⑪（p.174 ℓ.11）**薪炭**〔　　〕の供給地。
⑫（p.174 ℓ.13）**過剰**〔　　〕に薪を採らない。
⑬（p.175 ℓ.3）物質を**循環**〔　　〕させる。
⑭（p.176 ℓ.4）商品として買う**代物**〔　　〕。
⑮（p.176 ℓ.6）人間と自然を**媒介**〔　　〕する。
⑯（p.177 ℓ.3）**亀裂**〔　　〕が入る。
⑰（p.178 ℓ.6）物質循環の**要**〔　　〕。

語句　知識・技能

1 次の太字の語句の意味を調べなさい。

①（p.171 ℓ.11）社会環境が**グローバル**に拡大する。
〔　　〕
②（p.178 ℓ.4）人間と自然のあり方を考えていくことが**肝要**だ。
〔　　〕

2 次の空欄にあとから適語を選んで入れなさい。

①（p.169 ℓ.11）〔　　〕ここまで作業を進めておけば問題ないだろう。
②（p.170 ℓ.13）〔　　〕辺りは真っ暗になっていた。
③（p.171 ℓ.7）〔　　〕初めにやろうと言ったのは君だ。
（いつしか　さしあたり　そもそも）

3 次の語句を使って短文を作りなさい。

①（p.170 ℓ.3）四季折々
〔　　〕
②（p.171 ℓ.12）相まって
〔　　〕
③（p.175 ℓ.1）切っても切れない
〔　　〕

論理の把握

1 空欄に本文中の語句を入れて、内容を整理しなさい。　思考力・判断力・表現力　▶学習一

第一段落・第二段落（初め～ p.171 ℓ.3）

【問題提起】なぜカブトムシは商品として売られるようになったのか

自然の社会化（生活の中に自然を取り込むこと）

①労働による自然の社会化…農耕牧畜において労働を通して自然を社会化

②〔ア　　〕による自然の社会化…さまざまな風土の中での生活を通じて自然を社会化

カブトムシの例
- ・〔イ　　〕ではなく、売り買いする商品と捉えた（②）
- ・里の生活を手放し、〔ウ　　〕の労働を通して自然を社会化（①）

第三段落（p.171 ℓ.4～p.174 ℓ.5）

里の生活から都市の生活へ

・狩猟採集から〔エ　　〕への移行…徐々に自然と距離を取り始めた

・〔オ　　〕後…人間が自然を支配し、環境としての自然が拡大した

都市の生活＝商品に囲まれた生活→我々自身が「労働力商品」

里の生活＝〈〔カ　　〕〉が営まれている→里山が欠かせない

第四段落（p.174 ℓ.6～p.175 ℓ.2）

コモンズ（里に住む〔キ　　〕という意味）としての里山

・カブトムシがいる＝里山がある＝〈農〉が営まれている

→カブトムシがいなくなった＝里山がなくなったことの象徴

第五段落（p.175 ℓ.3～p.176 ℓ.12）

物質の循環の変化

〈農〉が取り結んでいた人間と自然の〔ク　　〕を都市の生活が分断した

→里山の荒廃→自然（カブトムシ）の商品化＝里の労働から、都市の労働への変化

第六段落（p.176 ℓ.13～終わり）

新しい物質循環の単位

【筆者の主張】カブトムシが商品として売られるようになった理由＝里山の破壊

カブトムシの商品化＝人間と自然の持続可能な物質循環に亀裂が入っていることの象徴

修復の方法＝都市の生活や〔ケ　　〕をふまえた新しい物質循環の単位を考えること

ポイントは人間と自然の〔コ　　〕

要旨

1 空欄に本文中の語句を入れて、全体の要旨を整理しなさい。　思考力・判断力・表現力

都市の生活に移る前、我々は里山を管理する里の生活をしており、人間と自然の物質循環を取り結ぶ〈〔ア　　〕〉を営んでいた。しかし、都市の生活が〔イ　　〕な物質循環を断ち切り、里山は荒廃した。カブトムシの商品化は、里の労働から都市の労働への変化を示す。都市の生活によって生まれた人間と自然の物質循環の亀裂を修復するには、人間と自然の〔ウ　　〕化を軸に、都市の生活や文化をふまえた新しい物質循環の〔エ　　〕を考える必要がある。

2 右を参考にして、要旨を百字以内にまとめなさい。

内容の理解

思考力・判断力・表現力

第一段落（初め〜p.168 ℓ.9）

1 「違和感があった」（一六七・10）とあるが、筆者は何に違和感を覚えたのか。次から選びなさい。

ア カブトムシが夏の夜に住宅街の道端にいたこと。
イ カブトムシが売られている場所が百貨店であったこと。
ウ カブトムシが商品として売られていたこと。
エ ほかの珍しい昆虫が商品として売られていないこと。　〔　　〕

第二段落（p.168 ℓ.10〜p.171 ℓ.3）

2 新傾向 「自然の社会化」は、「労働による自然の社会化」（一六八・14）と「文化による自然の社会化」（一六九・4）の二つに分けられるとあるが、次から「文化による自然の社会化」の例にあてはまるものをすべて選びなさい。

ア 小麦の種を植え、収穫した物を加工して食べる。
イ 牛を聖獣として崇め、食べることを禁じる。
ウ カブトムシを里の昆虫ではなく、売買する商品と捉える。
エ 羊を家畜として飼い、刈った毛でセーターを編む。　〔　　〕

第三段落（p.171 ℓ.4〜p.174 ℓ.5）

3 「自然の中に我々があった」（一七一・7）とあるが、これを言い換えた表現を本文中から十六字で抜き出しなさい。　▼脚問2

4 「我々にとっての環境としての自然が大きく拡大する」（一七一・12）とは、どういうことか。次から選びなさい。

ア 植林など人の手によって緑豊かな自然を増やすということ。
イ 海外へ行って世界のさまざまな自然環境を知るということ。
ウ 世界規模で環境問題を解決する取り組みを行うということ。
エ 産業のため世界中の自然環境を利用対象にするということ。　〔　　〕

第三段落

5 「現代社会において……都市の生活を営んでいる」（一七三・12〜13）とあるが、どのような生活をしているのか。本文中の語句を用いて十五字以内で答えなさい。

第五段落（p.175 ℓ.3〜p.176 ℓ.12）

6 「自然を商品として捉える」（一七六・9）とは、自然をどうすることか。三十字以内で説明しなさい。　▼脚問4

第六段落（p.176 ℓ.13〜終わり）

7 「カブトムシが商品として……亀裂が入っていることの象徴である」（一七七・2〜3）とあるが、この亀裂を修復するために必要なことを本文中から二十七字で抜き出し、初めと終わりの五字で答えなさい。

〜

読み比べ

8 新傾向 『クマを変えてしまう人間』と『カブトムシから考える里山と物質循環』を読み比べ、次のようにノートにまとめた。空欄にあてはまる語句をそれぞれ本文中から十四字で抜き出しなさい。

【共通する内容】里山が荒廃したことで起こった問題
『クマを変えてしまう人間』…人間の活動が〔　①　〕ことへの警鐘
『カブトムシから考える里山と物質循環』
…自然を商品と捉える背景に〔　②　〕があることを指摘

①

②

経験の教えについて（森本哲郎）

学習目標 文章の構成を理解し、「経験の教え」についての筆者の主張を読み取る。

教科書 p.182～p.191

検印

漢字

1 太字の仮名を漢字に直しなさい。

（p.182 ℓ.1）①学び方**しだい**〔　　〕で変わる。
（p.182 ℓ.2）②経験が**きちょう**〔　　〕である。
（p.183 ℓ.8）③とても**おろ**〔　　〕かな話。
（p.184 ℓ.1）④しくじりを**れっきょ**〔　　〕する。
（p.184 ℓ.15）⑤友人を**さそ**〔　　〕う。
（p.185 ℓ.3）⑥ライオンがロバを**おそ**〔　　〕う。
（p.185 ℓ.8）⑦**さいなん**〔　　〕に見舞われる。
（p.185 ℓ.10）⑧他人を見て**かしこ**〔　　〕くなる。
（p.185 ℓ.15）⑨**おうぼう**〔　　〕な振る舞い。
（p.186 ℓ.14）⑩自分の**にが**〔　　〕い体験。
（p.186 ℓ.15）⑪**ぼうきゃく**〔　　〕の彼方。
（p.187 ℓ.8）⑫反逆者の**まつろ**〔　　〕。
（p.187 ℓ.10）⑬ギリシア人の**えいち**〔　　〕。
（p.188 ℓ.6）⑭**か**〔　　〕に刺される。
（p.188 ℓ.9）⑮**あさつゆ**〔　　〕に濡《ぬ》れる。
（p.188 ℓ.9）⑯食糧不足による**がし**〔　　〕者。
（p.189 ℓ.10）⑰**じゅんかん**〔　　〕論証。

2 太字の漢字の読みを記しなさい。 知識・技能

（p.182 ℓ.3）①学び方が**肝要**〔　　〕だ。
（p.182 ℓ.4）②判決が**覆**〔　　〕る。
（p.182 ℓ.4）③**戒**〔　　〕めを守る。
（p.182 ℓ.6）④動物の姿に**託**〔　　〕す。
（p.182 ℓ.6）⑤子供に**説**〔　　〕く。
（p.182 ℓ.6）⑥古代ギリシアの**哲人**〔　　〕。
（p.182 ℓ.10）⑦知恵を**授**〔　　〕ける。
（p.183 ℓ.5）⑧**普遍性**〔　　〕を持つ。
（p.184 ℓ.5）⑨**獲物**〔　　〕が手に入る。
（p.186 ℓ.9）⑩よその山の**粗悪**〔　　〕な石。
（p.186 ℓ.9）⑪玉を**磨**〔　　〕く。
（p.186 ℓ.11）⑫**処世**〔　　〕に役立てる。
（p.187 ℓ.7）⑬**巧**〔　　〕みに描き出す。
（p.187 ℓ.9）⑭言葉を**掲**〔　　〕げる。
（p.187 ℓ.11）⑮根底に**据**〔　　〕える。
（p.187 ℓ.15）⑯人生の**悲喜劇**〔　　〕。
（p.189 ℓ.13）⑰**不得手**〔　　〕な科目。

語句

1 次の太字の語句の意味を調べなさい。 知識・技能

（p.182 ℓ.7）①**寓話**作家イソップ。
〔　　〕
（p.182 ℓ.9）②正体が**一向に**定かでない。
〔　　〕
（p.184 ℓ.14）③**同工**の寓話をもう一つ紹介する。
〔　　〕
（p.189 ℓ.14）④**堂々めぐり**としか思えない。
〔　　〕
（p.190 ℓ.7）⑤「汝自身を知れ！」というデルポイの**箴言**。
〔　　〕

2 次の空欄に後の語群から適語を選んで入れなさい。

（p.183 ℓ.3）①洋の東西を〔　　〕
（p.186 ℓ.1）②非道を〔　　〕
（p.186 ℓ.8）③他山の〔　　〕
（p.190 ℓ.5）④不即〔　　〕
（p.190 ℓ.8）⑤表裏〔　　〕

（一体　なじる　石　不離　問わず）

論理の把握

1 空欄に本文中の語句を入れて、内容を整理しなさい。 思考力・判断力・表現力 ▼学習一

第一段落（初め～p.183 ℓ.5）	第二段落（p.183 ℓ.6～p.187 ℓ.5）	第三段落（p.187 ℓ.6～p.188 ℓ.15）	第四段落（p.189 ℓ.1～終わり）
人は何より、経験に学ぶ ↓しかし 経験そのものが〔ア　　〕なのではなく、そこから何を、どのように学ぶか、が肝要 古代ギリシアのイソップの寓話が、洋の東西を問わず、古今を通じて、少しも人気を失っていないという事実 ↓ 彼の「知恵」がいかに〔イ　　〕を持っているかを〔ウ　　〕して余りある。	イソップが物語全体を通して説いた……経験を生かす知恵 ↓しかし 人間は〔エ　　〕の経験どころか、〔オ　　〕の苦い体験でさえ、なかなか生かすことができない	それではなぜ人間は容易に経験に学ぶことができないのであろうか。→己を知らぬから ↓ イソップが笑うのは、自分を正しく〔カ　　〕できない者、己について〔キ　　〕しか持ち得ぬ者の愚かな行為なのである。	人間はまず経験によって自分の意識を持ち始める→形作られた自己意識を修正、〔ク　　〕、変質させていく→その自我認識が再び経験による学び方を向上させる ↓ 人間はこの堂々めぐりの中を生きており、イソップが説いたのは、この己の〔ケ　　〕をはっきり見定めよ、経験を生かせ、という戒めだったのである。

要旨

1 空欄に本文中の語句を入れて、全体の要旨を整理しなさい。 思考力・判断力・表現力

人は何より、〔ア　　〕に学ぶ。経験から何を、どのように学ぶかが〔イ　　〕なのだ。イソップが説いたのは、経験を生かす知恵である。人間はまず経験によって自分の意識を持ち始め、形作られた自己意識を〔ウ　　〕、確認、変質させていく。そして、その自我認識が再び経験による学び方を〔エ　　〕させる。人間はこの〔オ　　〕の中を生きており、イソップが説いたのは、己の正体をはっきり見定めよ、経験を生かせという戒めだったのである。

2 右を参考にして、要旨を百字以内にまとめなさい。

内容の理解

思考力・判断力・表現力

第一段落（初め〜p.183 ℓ.5）

1 「そこから」（一八二・3）とあるが、「そこ」とは何をさすか。本文中より抜き出しなさい。

〔　　〕

2 「そこから何を、どのように学ぶか、が肝要なのだ」（一八二・3）とあるがなぜか。理由が述べられている一文を本文中から抜き出し、初めの五字で答えなさい。

3 「彼の寓話が現代に至るまで愛読され続けてきた」（一八三・2）のはなぜか。本文中の語句を用いて二十五字以内で説明しなさい。

第二段落（p.183 ℓ.6〜p.187 ℓ.5）

4 「経験を生かす知恵」（一八三・7）とはどういう知恵か。次から選びなさい。

ア　自分の経験を生かしながらうまく生きていく知恵。
イ　昔の人の貴重な経験を自分の人生に生かしていく知恵。
ウ　自分や他人が失敗した経験から自分の生き方を学ぶ知恵。
エ　人生における経験のすべてを教訓にしてしまう知恵。

〔　　〕

5 「成功したケースよりも……はるかに効果的」（一八七・2〜3）なのは、人間がどのような性向をもっているからか。それを表した一文を本文中から抜き出し、初めの五字で答えなさい。

▼脚問2

第三段落（p.187 ℓ.6〜p.188 ℓ.15）

6 「『イソップ物語』は、己を知らざる者の顚末集である。自分の『分』を心得ぬ者の破滅集である」（一八八・3）とは、どういうことか。次から選びなさい。

ア　『イソップ物語』には、自分を正しく認識できなかった者の悲しい末路が描かれているということ。
イ　『イソップ物語』には、イソップ自身も気づかなかった人生の貴重な教訓が述べられているということ。
ウ　『イソップ物語』には、どんな時代の誰もが共通に経験する失敗例が書かれているということ。
エ　『イソップ物語』には、自分のことばかり考えている者の愚かな行為が語られているということ。

〔　　〕

第四段落

7 「循環論証」（一八九・10）とほぼ同じ意味で用いられている言葉を、本文中から五字以内で抜き出しなさい。

全体

8 本文の要旨として適当なものはどれか。次から選びなさい。

ア　『イソップ物語』には、動物たちの失敗談が数多く語られているために、古今東西にわたって読み継がれてきている。
イ　イソップの教訓は、『詩経』の「他山の石」やソクラテスの哲学の原点である「汝自身を知れ！」のもとになっている。
ウ　イソップはその物語の中で、いつも横暴で勝手な振る舞いをする強者の非道を、動物たちの愚行に託して風刺している。
エ　人間は、自分を正しく認識することによって初めて、自分の経験ばかりか他人の経験をも十分に生かすことができる。

〔　　〕

僕らの時代のメディア・リテラシー（森達也）

学習目標　筆者の主張の要点を捉え、市場原理の主体とメディアとの関係について読み取る。

教科書 p.192～p.202

検印

漢字

知識・技能

1 太字の仮名を漢字に直しなさい。

① (p.192 ℓ.2) **びみょう**〔　　〕な数字。
② (p.192 ℓ.3) テレビ番組の**しちょう**〔　　〕者。
③ (p.192 ℓ.5) 雨乞いの**ぎしき**〔　　〕。
④ (p.193 ℓ.1) 頼んだ**かてい**〔　　〕を省略する。
⑤ (p.193 ℓ.4) 新聞や**ざっし**〔　　〕。
⑥ (p.194 ℓ.5) **こうぎ**〔　　〕を恐れる。
⑦ (p.195 ℓ.4) 記事を**けいさい**〔　　〕する。
⑧ (p.195 ℓ.9) 国民の**しじ**〔　　〕を受ける。
⑨ (p.196 ℓ.7) 新聞の**こうどく**〔　　〕者。
⑩ (p.197 ℓ.1) 景気が**ていめい**〔　　〕する。
⑪ (p.197 ℓ.7) 物を**かく**〔　　〕してしまう。
⑫ (p.198 ℓ.10) ジャングルや**さばく**〔　　〕。
⑬ (p.198 ℓ.13) **けいたい**〔　　〕電話。
⑭ (p.199 ℓ.2) **めがね**〔　　〕をかける。
⑮ (p.199 ℓ.8) **ぜつぼう**〔　　〕と希望。
⑯ (p.200 ℓ.3) 戦争や**きが**〔　　〕をなくす。
⑰ (p.200 ℓ.9) **こうりつ**〔　　〕のよい情報。

2 太字の漢字の読みを記しなさい。

① (p.192 ℓ.7) それでは**困**〔　　〕る。
② (p.192 ℓ.8) **撮影**〔　　〕された雨乞い。
③ (p.193 ℓ.7) メディアの**宿命**〔　　〕。
④ (p.193 ℓ.11) **強引**〔　　〕な切り上げ。
⑤ (p.194 ℓ.8) 戦争を**肯定**〔　　〕する記事。
⑥ (p.194 ℓ.15) ライバルが**慌**〔　　〕てる。
⑦ (p.195 ℓ.4) 応援して**鼓舞**〔　　〕する。
⑧ (p.196 ℓ.1) 一つの方向に**導**〔　　〕く。
⑨ (p.197 ℓ.7) 物事を**誇張**〔　　〕する。
⑩ (p.197 ℓ.8) **衝動**〔　　〕や願望。
⑪ (p.197 ℓ.9) 希望に**応**〔　　〕える。
⑫ (p.198 ℓ.4) 標準だと**錯覚**〔　　〕する。
⑬ (p.199 ℓ.6) **普及**〔　　〕している。
⑭ (p.199 ℓ.15) 世界を**覆**〔　　〕う。
⑮ (p.200 ℓ.9) 情報の**簡略**〔　　〕化。
⑯ (p.200 ℓ.15) 新しい**脅威**〔　　〕。
⑰ (p.201 ℓ.6) 道路や橋を**壊**〔　　〕す。

語句

知識・技能

1 次の太字の語句の意味を調べなさい。

① (p.196 ℓ.12) 僕は**うなだれる**ばかり。
〔　　〕
② (p.199 ℓ.13) 一つの**くくりにして**しまう。
〔　　〕

2 次の語句を漢語で言い換えた語を後の語群から選びなさい。

① (p.192 ℓ.2) メディア〔　　〕
② (p.193 ℓ.4) ジャンル〔　　〕
③ (p.195 ℓ.1) ライバル〔　　〕
④ (p.198 ℓ.3) イメージ〔　　〕

（印象　媒体　競争相手　分野）

3 次の語句を使って短文を作りなさい。

① (p.192 ℓ.2) つまり
〔　　〕
② (p.193 ℓ.12) もちろん
〔　　〕
③ (p.200 ℓ.5) たしかに
〔　　〕

論理の把握

1 空欄に本文中の語句を入れて、内容を整理しなさい。 思考力・判断力・表現力 ▼学習一

第一段落（初め～ p.194 ℓ.2）	第二段落（p.194 ℓ.3～p.196 ℓ.1）	第三段落（p.196 ℓ.2～p.197 ℓ.10）	第四段落（p.197 ℓ.11～終わり）
わかりやすさを目ざすメディアが行う〔ア　　〕と〔イ　　〕 ← 一定の〔ウ　　〕に従っているのならそれほど悪質とは言えないが、強引なものは間違った〔エ　　〕を作ってしまう	無理な切り上げや切り下げによって〔オ　　〕や部数が上がる場合がある かつて、新聞の〔カ　　〕の結果、新聞が軍部の〔キ　　〕のためのメディアになってしまったことがある ← 〔ク　　〕原理がメディアを一つの方向に導くことはとても多い	〔ケ　　〕原理の主体＝〔コ　　〕や購読者 メディアは視聴者の〔サ　　〕な欲望や、すっきりしたいという衝動、わかりやすい答えを教えてくれという〔シ　　〕に、忠実に応えようとした ←その結果 四捨五入したり、その四捨五入が歪んだり、実際の物事を誇張したり、隠したりする	メディアは〔ス　　〕で成り立つ世界観を撒《ま》き散らしている そんな世界観は間違っているだけでなく、「彼らは自分たちとは違う」という意識を、必要以上に強く人々に与えてしまう ←しかし 仮に〔セ　　〕な存在であっても、人類は〔ソ　　〕をもう手放せない ←だから 〔タ　　〕を身につけることが重要だ

要旨

1 空欄に本文中の語句を入れて、全体の要旨を整理しなさい。 思考力・判断力・表現力

メディアは〔ア　　〕を目ざすので、ヤラセや重要な情報の省略をすることがある。強引な手法は間違った〔イ　　〕を作るが、そのときは誰も間違いに気づかない。かつて新聞は、軍部の〔ウ　　〕のためのメディアになってしまった。しかし、メディアも〔エ　　〕原理に左右されているのだ。メディアは、〔オ　　〕を世界中に撒き散らしているが、正しく世界を見て考えるためにも、主体である私たちが〔カ　　〕を身につけるべきだ。

2 右を参考にして、要旨を百字以内にまとめなさい。

内容の理解

思考力・判断力・表現力

1 「基本的には変わらない」（一九三・4）のはなぜか。理由を解答欄に合う形で本文中から十字以内で抜き出しなさい。

［　　　　　　　　　　］から。

第一段落（初め〜p.194 ℓ.2）

2 「こうして」（一九三・12）とは、どのようにしてか。次から選びなさい。

ア　強引な切り上げや切り下げをして、番組が作られることによって。
イ　ルールにきちんと従って、番組が作られることによって。
ウ　ヤラセを完全に排除して、番組が作られることによって。
エ　切り上げと切り下げで、番組が作られることによって。　［　　］

3 「なぜ四捨五入の法則がはたらかないときがあるのだろう」（一九四・4）とあるが、その理由を本文中から四十字以内で抜き出し、初めと終わりの五字で答えなさい。

［　　　　　］〜［　　　　　］

第二段落（p.194 ℓ.3〜p.196 ℓ.1）

4 新聞が「政府や軍部のプロパガンダのためのメディアになってしまった」（一九四・9）のはなぜか。その理由を本文中の語句を用いて十字以内で説明しなさい。

［　　　　　　　　　　］

第三段落（p.196 ℓ.2〜p.197 ℓ.10）

5 「言い返したいこと」（一九六・12）の内容として最も適当なものを次から選びなさい。

ア　テレビ業界の中にも、良質な番組を作りたいと願う人は大勢いるということ。
イ　ゴールデンタイムに良質な番組を放送しても、視聴率は低迷するということ。
ウ　視聴率が低迷すれば、番組を放送することが困難になるということ。
エ　番組は、視聴者の無意識な欲望などに、メディアが忠実に応えようとした結果なのだということ。　［　　］

6 「そんな世界観」（一九九・4）とは、どのような世界観か。本文中から十五字以内で抜き出しなさい。

［　　　　　　　　　　　　　　　］世界観。

第四段落（p.197 ℓ.11〜終わり）

7 新傾向 人々が「またステレオタイプに押し込まれた」（二〇〇・10）のはなぜかをノートにまとめた。次の文の空欄にあてはまる語句を、本文中から抜き出して答えなさい。 ▼脚問4

メディアが急速に進化して情報の量が大幅に増えても、受け取る人の持つ［　①　］は増えない
←だから
メディアは現象や事件を［　②　］して伝え始めた

①［　　　］
②［　　　］

8 「そんなメディアなどなくてもいい」（二〇一・2）とは、どのようなことに対して言っているのか。次から選びなさい。

ア　情報をわかりやすく簡略化する競争に巻き込まれたメディアがステレオタイプを世界中に撒き散らすこと。
イ　メディアが急速に進化し、自分の部屋から一歩も出ることなく、世界のことを知ることができること。
ウ　市場原理の主体である視聴者や購読者が、十分なリテラシーを身につけることができないでいること。
エ　メディアが水や空気のように、私たちの生活にとってなくてはならない存在になってしまったこと。　［　　］

学習目標　抽象的な表現の意味を捉え、「支え合うことの意味」についての筆者の考えを読み取る。

支え合うことの意味（鷲田清一）

教科書p.204〜p.213

検印

漢字　知識・技能

1 太字の仮名を漢字に直しなさい。

① p.204 ℓ.5 病人の**かんご**〔　　〕をする。
② p.204 ℓ.6 **ぼうはん**〔　　〕に努める。
③ p.205 ℓ.3 **ちりょう**〔　　〕を受ける。
④ p.205 ℓ.4 **こうたい**〔　　〕で地域を回る。
⑤ p.206 ℓ.1 問題が**ひそ**〔　　〕んでいる。
⑥ p.206 ℓ.8 **しほう**〔　　〕試験に通る。
⑦ p.207 ℓ.8 **ほうけん**〔　　〕的な社会。
⑧ p.207 ℓ.15 存在**かち**〔　　〕がある人。
⑨ p.208 ℓ.1 何をなし**と**〔　　〕げたか。
⑩ p.208 ℓ.4 必死で**さが**〔　　〕し求める。
⑪ p.209 ℓ.7 **こんなん**〔　　〕に見舞われる。
⑫ p.209 ℓ.10 **ごかい**〔　　〕してはならない。
⑬ p.210 ℓ.6 **たよ**〔　　〕り合いができる。
⑭ p.210 ℓ.9 事故とか**ひさい**〔　　〕。
⑮ p.211 ℓ.4 何かを**うった**〔　　〕える。
⑯ p.211 ℓ.8 苦労を**さ**〔　　〕けたい。
⑰ p.212 ℓ.7 **く**〔　　〕り返し味わう。

2 太字の漢字の読みを記しなさい。

① p.204 ℓ.6 揉《も》め事を**調停**〔　　〕する。
② p.204 ℓ.9 プロを**養成**〔　　〕する。
③ p.205 ℓ.9 自分でやる能力を**失**〔　　〕う。
④ p.205 ℓ.11 サービスが**停滞**〔　　〕する。
⑤ p.206 ℓ.4 免許を**交付**〔　　〕される。
⑥ p.206 ℓ.13 仕事に**就**〔　　〕く。
⑦ p.207 ℓ.8 近代社会に**移行**〔　　〕する。
⑧ p.207 ℓ.9 人生の**輪郭**〔　　〕が決まる。
⑨ p.208 ℓ.6 無条件に**肯定**〔　　〕する。
⑩ p.208 ℓ.8 ひどく**渇**〔　　〕く。
⑪ p.209 ℓ.13 手紙を**届**〔　　〕ける。
⑫ p.209 ℓ.14 電車を**修理**〔　　〕する。
⑬ p.211 ℓ.4 要求に**応**〔　　〕える用意。
⑭ p.211 ℓ.8 苦労を**免除**〔　　〕されたい。
⑮ p.211 ℓ.11 意味が**埋**〔　　〕もれている。
⑯ p.211 ℓ.12 苦労を独りで**背負**〔　　〕う。
⑰ p.212 ℓ.3 **愛読**〔　　〕してきた書物。

語句　知識・技能

1 次の太字の語句の意味を調べなさい。

① p.204 ℓ.2 食材を**調達する**。
〔　　〕
② p.207 ℓ.7 **細心**の注意を払う。
〔　　〕
③ p.207 ℓ.8 近代的なものに**移行する**。
〔　　〕
④ p.207 ℓ.11 自分の職業が**あらかじめ**決まっている社会。
〔　　〕

2 次の語句を使って短文を作りなさい。

① p.205 ℓ.1 文字どおり
〔　　〕
② p.208 ℓ.6 いわば
〔　　〕
③ p.210 ℓ.5 むしろ
〔　　〕

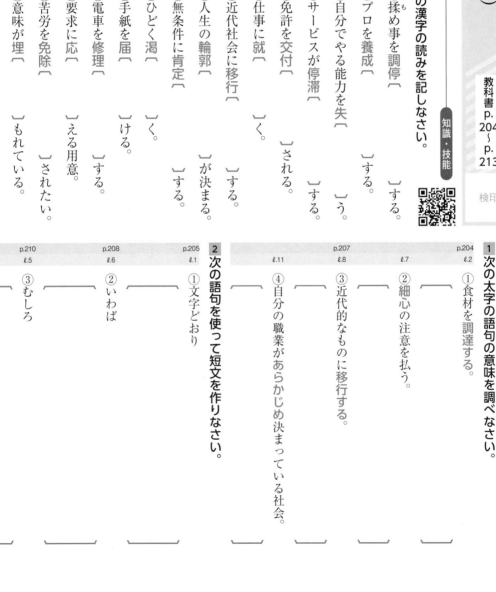

論理の把握

思考力・判断力・表現力

1 空欄に本文中の語句を入れて、内容を整理しなさい。

第一段落（初め～p.205 ℓ.15）	第二段落（p.206 ℓ.1～p.207 ℓ.6）	第三段落（p.207 ℓ.7～p.209 ℓ.6）	第四段落（p.209 ℓ.7～p.211 ℓ.6）	第五段落（p.211 ℓ.7～終わり）
先人たち……「〔ア　　〕の世話」を確実に〔イ　　〕するプロフェッショナルを養成し、場所を整備してきた **しかし** わたしたちはそんな「安楽」な社会に暮らしているうちに、自分でそれらをやる能力を失ってきており、市民として、地域社会の住民として、無能力になっている	現代社会……何か社会的に活動しようとすれば、必ず「〔ウ　　〕」が問われる「何をしてきたか」「何ができるか」で評価が決まる ← 自分に「〔エ　　〕」を問うこと＝自分という存在の「〔オ　　〕」への問い	近代的な社会……誰もが同じスタートラインに着く社会 **同時に** 自分で自分が誰であるかを証明しなければならない社会 わたしたちは、自分を〔カ　　〕に肯定してほしいと願う **しかし** これは自分の存在の意味や理由を常に〔キ　　〕に求める〔ク　　〕ことでもある	市民としての強さを「〔ケ　　〕」というが、「〔コ　　〕」と「独立」とは異なる ← 「〔サ　　〕」とは支え合いのことであり、「責任」もまた「支え合い」に含まれる	人はいろいろな困難や苦労を避けたいと思う **しかし** むしろ苦労を引き受けることの中にこそ、人として生きることの〔シ　　〕がある

要旨

思考力・判断力・表現力

1 空欄に本文中の語句を入れて、全体の要旨を整理しなさい。

わたしたちは、何をするにも「〔ア　　〕」を問われる社会に生きている。近代社会は自分の〔イ　　〕で自分の人生を選べるが、自分で自分を証明しなければならない社会でもある。このような中でわたしたちは、〔ウ　　〕の自分を認めてくれる人を求める。しかし、問題に対して受け身ではなく、それを引き受ける強さ、必要に応じて支える側に回ることができる「〔エ　　〕」が必要で、苦労を引き受けることの中にこそ、人として生きることの〔オ　　〕がある。

2 右を参考にして、要旨を百字以内にまとめなさい。

内容の理解

第一段落（初め〜p.205 ℓ.15）

1 **「それらを自分でやる能力をしだいに失っていきます」（二〇五・9）とあるが、「それら」はどのようなことか。解答欄に合う形で十字以内で答えなさい。** 思考力・判断力・表現力

［　　　　　　　　　　］こと。

第二段落（p.206 ℓ.1〜p.207 ℓ.6）

2 新傾向 **第二段落（二〇六・1〜二〇七・6）の内容について生徒たちが話している次の会話文を読んで答えなさい。**

生徒A：「『資格』がいる社会」の「資格」に「　」が付いているのはなぜかな。

生徒B：それは、この文章の「資格」という言葉が、〔　①　〕だと思う。

生徒C：自分に「資格」が見つからないと、「できない」という無力感から、〔　②　〕ところまで追いつめられるというのはわかるな。

生徒D：それを筆者は、「『資格』への問いは、自分という存在の『資格』への問いへと尖っていってしまう」と表現しているんだね。

(1) 空欄①にあてはまる語句を次から選びなさい。

ア 困難な試験に合格して、やっと手にすることができる特別な資格だという意味を含んでいるから

イ 現代社会において、実際にはこれほど多くの資格は必要ないという思いを含んでいるから

ウ 現代社会において、あらゆる分野で資格は必要だと言わざるを得ないという思いを含んでいるから

エ 試験によって得られる資格だけではなく、「何かができる能力」という意味も含んでいるから 〔　　〕

(2) 空欄②に当てはまる語句を本文中から二十五字以上三十字以内で抜き出し、初めと終わりの七字を答えなさい。（記号は字数に含める）

［　　　　　　　］〜［　　　　　　　］

第三段落

3 **「そのことに注意してください」（二〇八・14）の「そのこと」とはどのようなことか。解答欄に合う形で二十五字以内で答えなさい。**

［　　　　　　　　　　　　　　　　　　　　　　　　　］ことだということ。

第四段落（p.209 ℓ.7〜p.211 ℓ.6）

4 **「インターディペンデントなネットワーク」（二一〇・11）とは、どのようなものか。次から選びなさい。** 学習三

ア ふだんからあまり人に頼らずに生き、病気などになったときにも、他人に世話にならずに生きていけるようなつながり。

イ ふだんから周りの人に頼りきり、病気などになったときは、いっそう他人に世話になることができるようなつながり。

ウ ふだんはあまり人に頼らずに生きられても、病気などになったときは、他人に世話になることができるようなつながり。

エ ふだんは多くの部分で他人に頼り、病気などになったときは、他人に迷惑をかけないようにするつながり。 〔　　〕

第五段落（p.211 ℓ.7〜終わり）

5 **「こういうところ」（二一三・2）とは、どういうところか。解答欄に合う形で本文中から四十五字以内で抜き出し、初めと終わりの五字で答えなさい。**

［　　　　　］〜［　　　　　］だというところ。

全体

6 **本文の内容と合致するものを、次から選びなさい。**

ア 互いの命を世話し合うことを、プロが代行するには「資格」が必要なので、多くの人が「資格」を取る必要がある。

イ 「自立」社会には、病気のときなどに他人に支えてもらったり、自分も支える側に回ったりできるような用意が必要だ。

ウ 自分をこのままで肯定してほしいと願うことは危ういことなので、「このままの自分」を見せないようにすべきだ。

エ 「人間の弱さ」を知らない人が、現代社会では増えているので、「人間の弱さ」をもっと知ってほしい。 〔　　〕

学習目標　現在の先端的科学技術と今までの技術との相違点を捉え、AIやロボットとの共生社会とどう向き合うべきかを考える。

科学技術は暴走しているのか（佐倉統）

教科書p.214～p.224

検印

漢字

1 太字の仮名を漢字に直しなさい。

① (p.214 ℓ.7) 高い知能を**かくとく**〔　　〕する。
② (p.214 ℓ.9) **ふゆう**〔　　〕支配層の独占。
③ (p.215 ℓ.8) **じょうきょう**〔　　〕を把握する。
④ (p.215 ℓ.13) 農耕の**きげん**〔　　〕を探る。
⑤ (p.216 ℓ.3) 富が**ちくせき**〔　　〕される。
⑥ (p.216 ℓ.5) 人々が**みっしゅう**〔　　〕する。
⑦ (p.216 ℓ.12) AIなどの**せんたん**〔　　〕技術。
⑧ (p.217 ℓ.6) 話から**るいすい**〔　　〕する。
⑨ (p.217 ℓ.12) 新商品を**こうにゅう**〔　　〕する。
⑩ (p.219 ℓ.8) 時報が聞こえる**はんい**〔　　〕。
⑪ (p.219 ℓ.10) 自由の**しょうちょう**〔　　〕の像。
⑫ (p.219 ℓ.12) 携帯電話が**ふきゅう**〔　　〕する。
⑬ (p.220 ℓ.2) **けっさく**〔　　〕と呼ばれた小説。
⑭ (p.220 ℓ.4) 技術に**ほろ**〔　　〕ぼされる。
⑮ (p.221 ℓ.5) 問題点を**してき**〔　　〕する。
⑯ (p.223 ℓ.3) 技術と**きょうそん**〔　　〕する。
⑰ (p.223 ℓ.4) 情報を**ちゅうしゅつ**〔　　〕する。

2 太字の漢字の読みを記しなさい。　知識・技能

① (p.214 ℓ.5) **簿記**〔　　〕の仕事。
② (p.214 ℓ.10) 王の**奴隷**〔　　〕になる。
③ (p.215 ℓ.5) **大雑把**〔　　〕に捉える。
④ (p.216 ℓ.8) 農作物を**運搬**〔　　〕する。
⑤ (p.216 ℓ.15) **恩恵**〔　　〕をこうむる。
⑥ (p.218 ℓ.2) 技術が**偏在**〔　　〕する。
⑦ (p.218 ℓ.5) **顕微鏡**〔　　〕を使う。
⑧ (p.218 ℓ.15) よい**帰結**〔　　〕をもたらす。
⑨ (p.219 ℓ.15) **嫌悪**〔　　〕のまなざし。
⑩ (p.220 ℓ.5) 相手の説を**喝破**〔　　〕する。
⑪ (p.220 ℓ.7) **昨今**〔　　〕の傾向。
⑫ (p.221 ℓ.1) 選択の**余地**〔　　〕がある。
⑬ (p.221 ℓ.5) 先祖を**供養**〔　　〕する。
⑭ (p.221 ℓ.6) **寿命**〔　　〕が尽きる。
⑮ (p.221 ℓ.13) **戯曲**〔　　〕を読む。
⑯ (p.222 ℓ.3) **厳然**〔　　〕と横たわる。
⑰ (p.223 ℓ.7) 技術に**翻弄**〔　　〕される。

語句

1 次の太字の語句の意味を調べなさい。　知識・技能

① (p.218 ℓ.15) 技術革新は、どのような**帰結**をもたらすだろう。
〔　　　　〕
② (p.220 ℓ.5) 従来の技術へのイメージを**喝破**する。
〔　　　　〕
③ (p.222 ℓ.3) 社会の背景には、文化システムが**厳然**とある。
〔　　　　〕

2 次の空欄にあとから適語を選んで入れなさい。

① (p.216 ℓ.4) 人口は、増加というより、〔　　〕減少している。
② (p.217 ℓ.15) 技術の力は、〔　　〕人間の補助程度だ。
③ (p.218 ℓ.12) 可能性は、〔　　〕わずかしかない。
④ (p.220 ℓ.8) 桜の中でも、〔　　〕山桜が好きだ。

（ごく　ことに　せいぜい　むしろ）

3 次の語句を使って短文を作りなさい。

① (p.215 ℓ.4) とどまるところを知らない
〔　　　　〕
② (p.215 ℓ.8) 目の当たりにする
〔　　　　〕

論理の把握

1 空欄に本文中の語句を入れて、内容を整理しなさい。 思考力・判断力・表現力 ▼学習一

第一段落 （初め〜 p.215 ℓ.6）	人工知能（AI）やロボット技術の発展→暗い〔ア　　〕を予想する人もいる 予想例①…AIが全人類を上回る知能を獲得する（技術的特異点） 予想例②…人類が富裕支配層と〔イ　　〕とに二分される 生命や人間の側を操作する技術も、人間の倫理観を置き去りにして発展
第二段落 （p.215 ℓ.7〜p.217 ℓ.3）	科学技術は大昔から暴走してきた＝〔ウ　　〕がつきまとう ・農耕…栄養状態の改善⟷人々の密集した生活による感染症被害の拡大 ・武器や運搬・移動技術など…戦争や事故といったデメリット →AIやロボットなどの先端技術が人類社会に与える影響も、一部は予想がつく
第三段落 （p.217 ℓ.4〜p.219 ℓ.3）	AIやロボットなどの先端技術が過去の技術革新とは異なる点もある ・自律化（機械から人へ情報発信）　・外部〔エ　　〕（メディア技術など） ・内部化（人工臓器など）　・代理性（人の代わりに〔オ　　〕をする） ［言い換えると］人体との〔カ　　〕の度合いが高くなってきた
第四段落 （p.219 ℓ.4〜p.220 ℓ.13）	人間の新しい技術に対するイメージ＝常に〔キ　　〕 →昨今の自律的技術や生命操作技術に関しては、四つの新しい特性ゆえに、ことにその度合いが強い
第五段落 （p.220 ℓ.14〜終わり）	ロボットやAIを友とするために…日本の例 ・人工物との距離が近く、西洋社会より〔ク　　〕的↑アニミズム的心性？ ・フィクションの世界でのロボットの描かれ方が友好的で、人間の完全な道具であるものが多い→西洋とは対照的 →日本の文化や社会の特性がAIやロボット技術との〔ケ　　〕を目ざす際に、一つの拠り所となる

要旨

1 空欄に本文中の語句を入れて、全体の要旨を整理しなさい。 思考力・判断力・表現力

科学技術の急激な発展は人類の〔ア　　〕未来を予想させるが、その暴走は大昔からである。しかし、昨今の科学技術には人体との〔イ　　〕の度合いが高いという新しい特性が見られ、それ故技術への〔ウ　　〕な印象も強くなっている。人工物に対し〔エ　　〕をあまり重視せず、〔オ　　〕的である日本の特性は、これらの技術との〔カ　　〕を目ざすうえで役に立つ。豊かな社会の実現のためAIやロボットを手なづけ、飼い慣らさねばならない。

2 右を参考にして、要旨を百字以内にまとめなさい。

内容の理解

思考力・判断力・表現力

第二段落（p.215 ℓ.7〜p.217 ℓ.3）

1「たとえば農耕」（二一五・13）とあるが、筆者がここで「農耕」を例にあげている理由を次のように説明したとき、空欄にあてはまる内容を、本文中の語句を用いて答えなさい。

・農耕の開始によって、〔 ① 〕ようになり、〔 ② 〕という負の側面を人類にもたらしたから。

① 〔　　　　〕

② 〔　　　　〕

第三段落（p.217 ℓ.4〜p.219 ℓ.3）

2「これらの技術が今までとは決定的に異なる点」（二一七・6）について説明したものとして、あてはまらないものを次から選びなさい。

ア　テレビやラジオなどのメディア技術に始まる、情報を提供することで人間が機械に従うような方向性のはたらきかけをする点。

イ　情報関係の技術が我々を取り巻くようにあらゆるところに偏在し、外部環境化することで、常に多くの人々に影響を与える点。

ウ　望遠鏡や顕微鏡のように人間の五感や能力を拡張する道具を開発することで、我々が知覚できる領域の幅が大きく広がった点。

エ　AIやロボットが単に人の意思で使役されるだけの道具ではなく、人のエージェントとして自律的に活動するようになった点。

〔　　〕

3「少しずつ様子を見ながら進めていくしかないだろう」（二一九・2）と筆者が言う理由を次のように説明したとき、空欄にあてはまる部分を、それぞれ本文中から①は二十字以内、②は三十字以内で抜き出しなさい。　▼脚問2

・〔 ① 〕人工物を用いた新しい技術が、将来どのような帰結をもたらすのかは今のところ明言できないが、〔 ② 〕から。

第三段落（p.217 ℓ.4〜p.219 ℓ.3）

① 〔　　　　〕

② 〔　　　　〕

第四段落（p.219 ℓ.4〜p.220 ℓ.13）

4「このアンビバレンス」（二二〇・6）とは何か。本文中から二十字以上、二十五字以内で抜き出しなさい。　▼脚問3

〔　　　　〕

第五段落（p.220 ℓ.14〜終わり）

5 新傾向 「それ」（二二一・7）について、次の問いに答えなさい。

(1)「それ」がさしている内容について、本文中の語句を用いて四十五字以内で答えなさい。

〔　　　　〕

(2)「それ」に相当する事例を次からすべて選びなさい。

ア　長年大事に乗ってきた自家用車を廃車にするとき、記念写真を撮ったりパーツの一部を記念として保管したりした。

イ　お盆の季節が来るたびに、お墓参りをして先祖を供養する。

ウ　友人とやり取りした記録を残しておきたいので、機種変更をしても古いスマートフォンを捨てずに保管している。

エ　犬型の愛玩用ロボットのお葬式が行われるようになっている。

〔　　〕

学習目標　資料の読み取り方、レポートのまとめ方、評価のしかたについて理解する。

レポートを書く

教科書 p.240〜p.256

検印

情報の整理・分析

思考力・判断力・表現力

○次の【資料1】【資料2】を読んで、あとの問いに答えなさい。

【資料1】時間帯別自転車関連死亡・重傷事故件数（全体。平成26年〜30年合計）

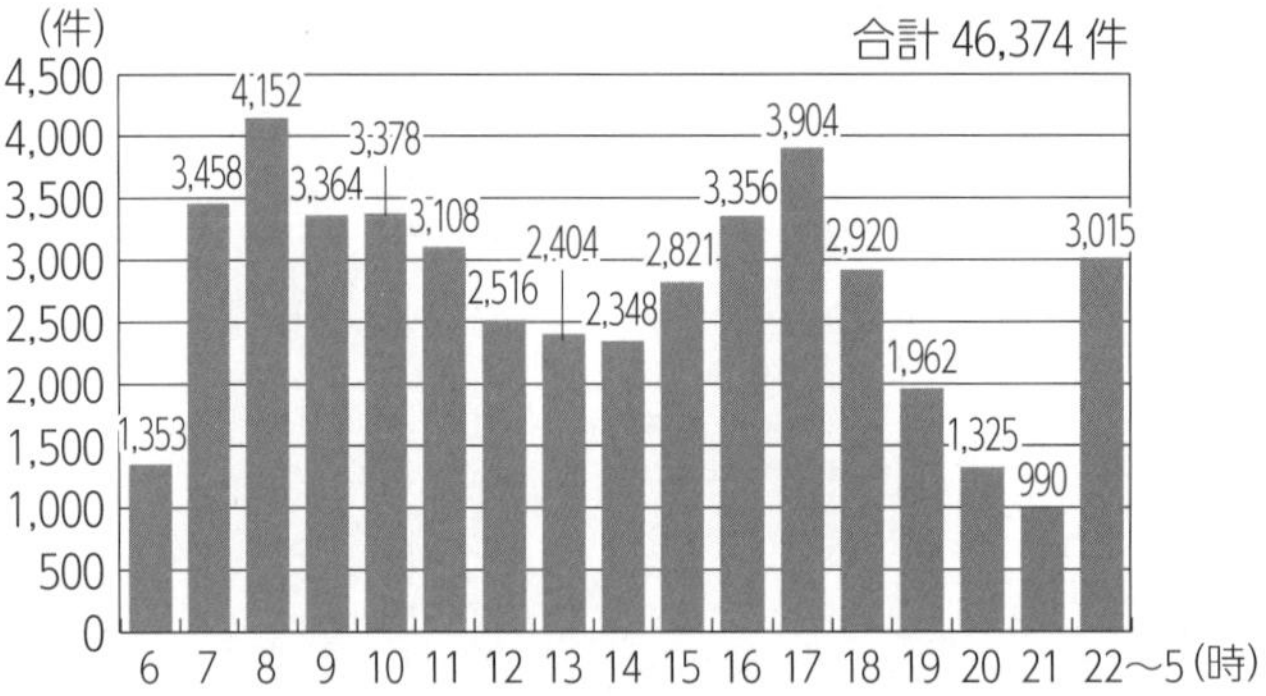

【資料2】時間帯別自転車関連死亡・重傷事故件数（高校生。平成26年〜30年合計）

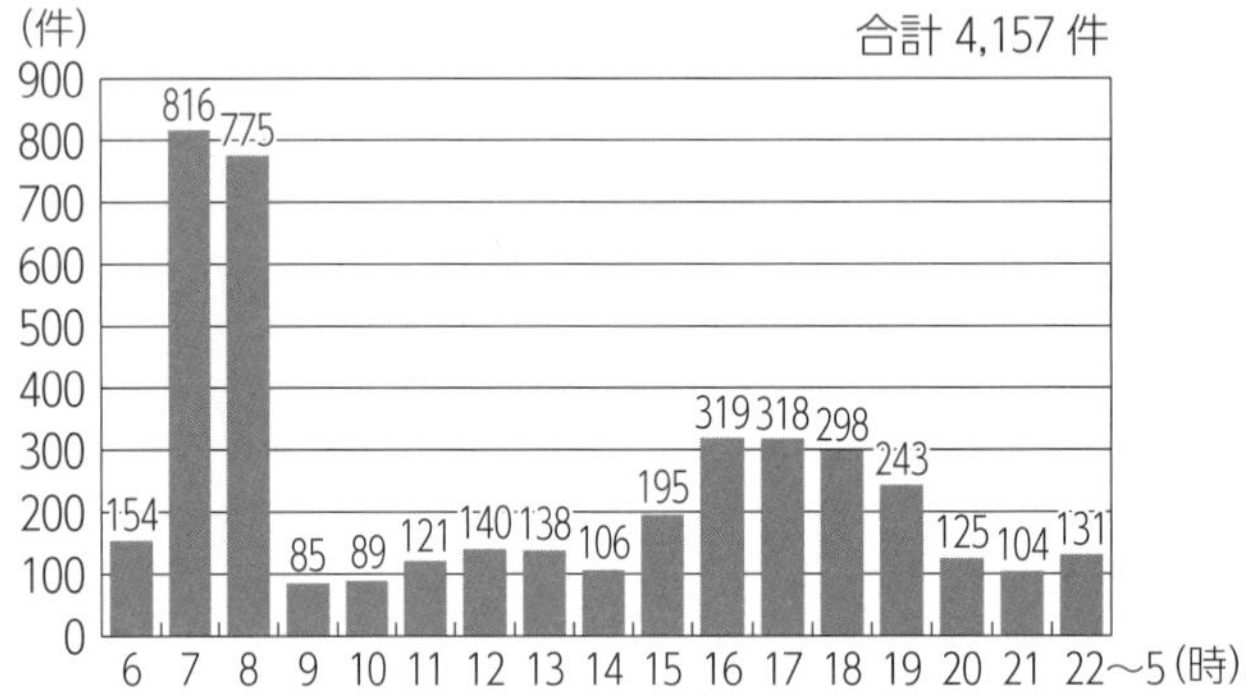

出所：資料1、資料2ともに警察庁交通局「自転車関連事故に係る分析」（平成31年4月25日）

1 【資料1】から読み取れることを次から選びなさい。

ア　自転車関連の死亡・重傷事故は夜間であっても日中とほぼ同じ割合で発生している。

イ　自転車関連事故は自転車が歩行者を死亡・重傷に導く事故が割合として多い。

ウ　自転車関連の死亡・重傷事故は朝と夕方に多く発生している。

エ　朝と夕方の自転車関連死亡・重傷事故は、学生と社会人が多く引き起こしている。

〔　　〕

2 【資料2】から読み取れる、高校生による「自転車関連死亡・重傷事故」が多く発生している時間帯は、高校生にとってどのような時間か、答えなさい。

〔　　〕

3 【資料1】と【資料2】を組み合わせて、「高校生の自転車事故の原因」というテーマでレポートを書くことになった。二つの資料を適切に用いた説明をしているのはどの生徒か、次から選びなさい。

生徒A：【資料1】によると、五年間で計四万六千件もの自転車関連死亡・重傷事故が発生しているが、【資料2】によると、そのうち高校生が関連するのは四一五七件で、一割未満である。

生徒B：【資料1】と【資料2】を見ると、高校生の自転車関連死亡・重傷事故は部活動に伴う移動が大きな原因になって引き起こされていると読み取れる。

生徒C：【資料1】は全体の時間別自転車関連死亡・重傷事故件数で、朝と夕方に自転車事故が多いことがわかるが、【資料2】によると高校生が関連する事故は朝の登校時が突出して多いことがわかる。

生徒D：【資料1】によると、自転車事故が多い時間帯は一位が八時、二位が十七時だが、【資料2】によると午前七時が一位、二位が八時で、いずれも八時が上位にあがっている。

生徒〔　　〕

構成の検討・レポートの評価

思考力・判断力・表現力

○次のレポートを読んで、あとの問いに答えなさい。

【レポート例】「自転車交通事故の原因と対策」

1 自転車対歩行者の交通事故の実態

【資料1】によると、自転車対歩行者の交通事故の件数は、令和二年で減少したものの全体としては増加傾向にある。全体の交通事故件数は減少しているので、自転車対歩行者の事故件数は割合的にも増えているとわかる。

2 自転車交通事故の原因

【資料2】によると、自転車対歩行者事故における自転車側の原因として〔　　　　〕が七割以上を占めている。これは、運転者の心がけ次第で防げる事故が多いことを示している。

3 自転車交通事故を減らすための対策

2で見たとおり、自転車事故は、運転者の安全運転に対する意識の低さが原因であるケースが多い。したがって、自転車事故の危険性や安全運転の必要性を運転者に周知させる必要があると考えられる。そのために、たとえば、学校等教育現場における道路交通に関する子供たちへの教育、社会においては自動車運転免許取得者以外への自転車運転講習を行うなど、自転車運転に関する知識を深める機会を増やすことが必要不可欠であると考える。

【資料1】自転車対歩行者交通事故件数

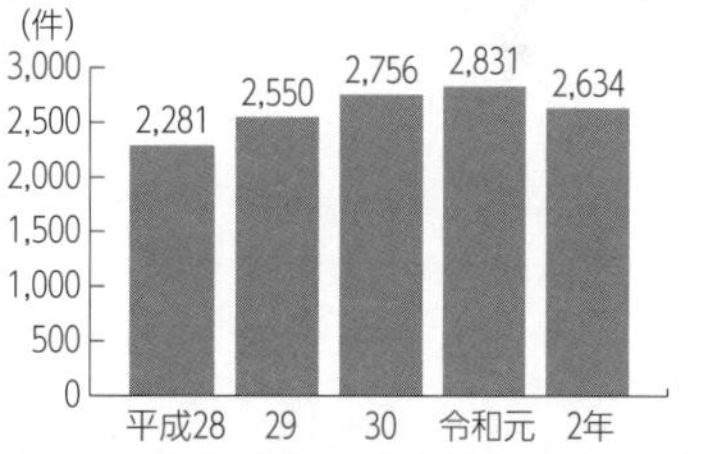

出所：内閣府「令和３年版交通安全白書」

【資料2】自転車対歩行者事故における自転車の法令違反別歩行中死者・重傷者数（令和２年）

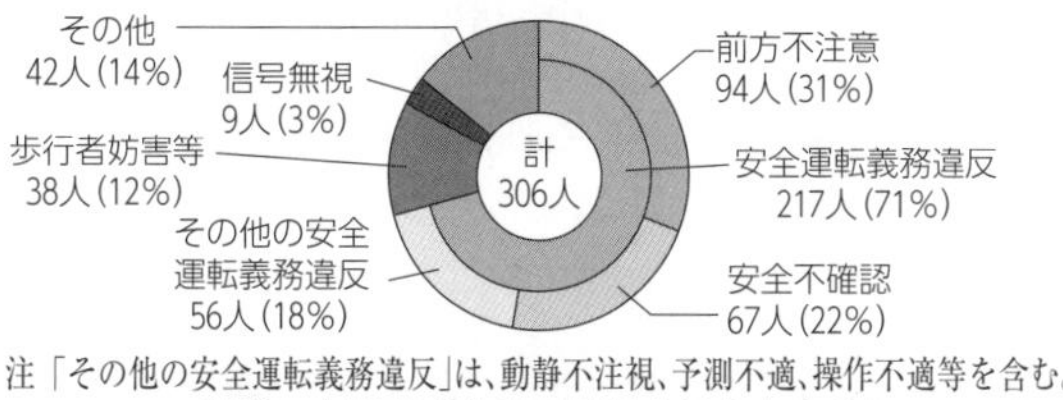

注「その他の安全運転義務違反」は、動静不注視、予測不適、操作不適等を含む。

出所：内閣府「令和３年版交通安全白書」

---

1 レポートの「1自転車対歩行者の交通事故の実態」では、資料が不足しているためにわかりにくい部分がある。新たに用意したほうがよい資料として最も適切なものを次から選びなさい。

ア 自転車交通事故が増加傾向にある理由がわかる資料。
イ 発生した自転車交通事故の場所の割合がわかる資料。
ウ 令和二年で自転車事故が減少した原因がわかる資料。
エ 交通事故件数全体の推移がわかる資料。

〔　　〕

2 レポートの空欄にあてはまる語句を、【資料2】から抜き出しなさい。

〔　　　　〕

3 上のレポートについて、生徒が評価している。最も適切な評価をしている生徒を次から選びなさい。

生徒A：資料から読み取った自転車交通事故の原因についてはしっかりまとめられているけど、原因と対策が結びついていないね。原因から導き出せる対策を提案したほうがいいと思うな。

生徒B：自転車交通事故の原因についてはよく分析できているけど、その対策については独創性が低いね。自転車事故対策の現状についてももう少し調査したほうがいいと思うな。

生徒C：自転車交通事故の原因をふまえた対策については筋が通っているけど、対策の内容については具体性に欠けているね。もっと例を示して具体的に述べたほうがいいと思うな。

生徒D：自転車交通事故防止のための対策については具体的に考えられているけど、運転者の意識については根拠が書かれていないね。運転時の意識についてもっと調査したほうがいいと思うな。

生徒〔　　〕

学習目標 課題文を読解し、筆者の意見をふまえて自らの考えを小論文にまとめる方法を理解する。

小論文を書く

教科書p.258～p.276

検印

○「次の文章を読んで、筆者の考えを百字以内で要約し、これからの社会で必要となる人間の能力についてあなたの考えを述べなさい。」という小論文課題が出された。これをふまえて、あとの問いに答えなさい。

1 学校の生徒は、先生と教科書にひっぱられて勉強する。自学自習ということばこそあるけれども、独力で知識を得るのではない。いわばグライダーのようなものだ。自力では飛び上がることはできない。

2 グライダーと飛行機は遠くからみると、似ている。空を飛ぶのも同じで、グライダーが音もなく優雅に滑空しているさまは、飛行機よりもむしろ美しいくらいだ。ただ、悲しいかな、自力で飛ぶことができない。

3 学校はグライダー人間の訓練所である。飛行機人間はつくらない。グライダーの練習に、エンジンのついた飛行機などがまじっていては迷惑する。危険だ。学校では、ひっぱられるままに、どこへでもついて行く従順さが尊重される。勝手に飛び上がったりするのは規律違反。たちまちチェックされる。やがてそれぞれにグライダーらしくなって卒業する。

4 優等生はグライダーとして優秀なのである。飛べそうではないか、ひとつ飛んでみろ、などと言われても困る。指導するものがあってのグライダーである。

5 グライダーとしては一流である学生が、卒業間際になって論文を書くことになる。これはこれまでの勉強といささか勝手が違う。何でも自由に自分の好きなことを書いてみよ、というのが論文である。グライダーは途方にくれる。突如としてこれまでとまるで違ったことを要求されても、できるわけがない。グライダーとして優秀な学生ほどあわてる。（中略）

6 いわゆる成績のいい学生ほど、この論文にてこずるようだ。言われた通りのことをするのは得意だが、自分で考えてテーマをもてと言われるのは苦手である。長年のグライダー訓練ではいつもかならず曳《ひ》いてくれるものがある。それになれると、自力飛行の力を失ってしまうのかもしれない。

7 もちろん例外はあるけれども、一般に、学校教育を受けた期間が長ければ長いほど、自力飛翔の能力は低下する。グライダーでうまく飛べるのに、危ない飛行機になりたくないのは当たり前であろう。

8 こどもというものは実に創造的である。たいていのこどもは労せずして詩人であり、小発明家である。ところが、学校で知識を与えられるにつれて、散文的になり、人まねがうまくなる。昔の芸術家が学校教育を警戒したのは、たんなる感情論ではなかったと思われる。飛行機を作ろうとしているのに、グライダー学校にいつまでもグズグズしていてはいけないのははっきりしている。

9 いまでも、プロの棋士たちの間に、中学校までが義務教育になっているのがじゃまだとはっきり言う人がいる。いちばん頭の発達の速い時期に、学校でグライダー訓練なんかさせられてはものにならない、というのであるらしい。

10 人間には、グライダー能力と飛行機能力とがある。受動的に知識を得るのが前者、自分でものごとを発明、発見するのが後者である。両者はひとりの人間の中に同居している。グライダー能力をまったく欠いていては、基本的知識すら習得できない。何も知らないで、独力で飛ぼうとすれば、どんな事故になるかわからない。

11 しかし、現実には、グライダー能力が圧倒的で、飛行機能力はまるでなし、という〝優秀な〟人間がたくさんいることもたしかで、しかも、そういう人も〝翔《と》べる〟という評価を受けているのである。

12 学校はグライダー人間をつくるには適しているが、飛行機人間を育てる努力はほんのすこししかしていない。学校教育が整備されてきたということは、ますますグライダー人間をふやす結果になった。お互いに似たようなグライダー人間になると、グライダーの欠点を忘れてしまう。知的、知的と言っていれば、翔んでいるように錯覚する。

13 われわれは、花を見て、枝葉を見ない。かりに枝葉は見ても、幹には目を向けない。まして根のことは考えようともしない。とかく花という結果のみに目をうばわれて、根幹に思い及ばない。

14 聞くところによると、植物は地上に見えている部分と地下にかくれた根とは形もほぼ同形でシンメトリーをなしているという。花が咲くのも地下の大きな組織があるからこそだ。

15 知識も人間という木の咲かせた花である。美しいからといって花だけを切ってきて、花瓶にさしておいても、すぐ散ってしまう。花が自分のものになったのでないことはこれひとつ見てもわかる。（中略）

16 根のことを考えるべきだった。それを怠っては自前の花を咲かすことは不可能である。もっとも、これまでは、切り花をもってきた方が便利だったのかもしれない。それなら、グライダー人間の方が重宝である。命じられるままについて行きさえすれば知識人になれた。へたに自発力があるのは厄介である。

17 指導者がいて、目標がはっきりしているところではグライダー能力が高く評価されるけれども、新しい文化の創造には飛行機能力が不可欠である。それを学校教育はむしろ抑圧してきた。急にそれをのばそうとすれば、さまざまな困難がともなう。

18 他方、現代は情報の社会である。グライダー人間をすっかりやめてしまうわけにも行かない。それなら、グライダーにエンジンを搭載するにはどうしたらいいのか。学校も社会もそれを考える必要がある。

（外山滋比古『思考の整理学』による）

要旨

1 課題文の論展開をまとめた左の表の空欄に適切な語句を補いなさい。　思考力・判断力・表現力

1〜9段落（初め〜22行）	10〜12段落（23行〜30行）	13〜18段落（31行〜終わり）
学校はグライダー人間の訓練所であり、学校教育を受けた期間が長いほど、〔ア　　　〕の能力は低下する。	現実では、グライダー能力（＝〔イ　　　〕に知識を得る能力）が圧倒的で、飛行機能力（＝自分でものごとを〔ウ　　　〕する能力）はまるでなし、という人間が多くなり、そういう人も〝翔べる〟という評価を受けている。 →自力で飛ぶことができないという欠点を忘れた錯覚。	これまでは、目標がはっきりしていて自発力は必要なかったため、〔エ　　　〕人間が重宝されてきた。 ⇩　しかし 新しい文化の創造には〔オ　　　〕能力が不可欠だが、それを急にのばそうとするのは困難。 ⇩　他方 現代の〔カ　　　〕の社会においては、グライダー人間をやめてしまうわけにも行かない。 ⇩　だから グライダーに〔キ　　　〕を搭載するにはどうしたらいいのか、考える必要がある。

2 筆者の考えを百字以内で要約しなさい。

小論文

1 今回の小論文において、適切な主張と根拠の組み合わせを選びなさい。　思考力・判断力・表現力

ア　【主張】これからは、飛行機能力が備わっていればグライダー能力は必要ない。
【根拠】なぜなら、今後どのような社会になるか予測できないので、とりあえずこれまでのやり方に従うのが無難だからである。

イ　【主張】グライダー能力も必要だが、これからは飛行機能力を重点的に高めたほうがよい。
【根拠】なぜなら、これからのＩＴ社会では、自分の考えで行動することよりも、コンピュータに従うことが大切だからである。

ウ　【主張】今後もこれまで通り、グライダー能力があれば十分だ。
【根拠】なぜなら、これからの国際化社会において、受動的であることよりも能動的に働きかけることが求められるからである。

エ　【主張】今後は飛行機能力も大切だが、グライダー能力も必要だ。
【根拠】なぜなら、新たな文化の創造のためには、まずは情報を受け入れて解釈することが必要不可欠だからである。

〔　　　〕

小論文の評価

思考力・判断力・表現力

○次の小論文の解答例を読んで、あとの問いに答えなさい。

　現代を生きる私たちは、ＩＴ化が進み、めまぐるしく変化する社会の中にある。そのような時代に必要な能力は、受動的に知識を得るだけのグライダー能力ではなく、自分でものごとを発明、発見する飛行機能力であると私は考える。

　グライダー能力は、どうあがいてもコンピュータにはかなわない。したがって、グライダー能力しか身についていない人間は、今後ＡＩ（人工知能）に仕事を奮われてしまう可能性があるだろう。私たち人間は、コンピュータにはない能力を身につける必要がある。それが飛行機能力なのではないだろうか。

　また、激しい時代の変化についていくには、変化に応じてその場その場で必要な対応を見極め、行動に移す能力が必要となってくる。変化の内容を読み取るためにはグライダー能力も必要ではあるが、その変化をふまえて新たな道を見いだす飛行機能力が不可欠である。

　では、飛行機人間をつくるためにはどうしたらよいか。一人一人のちょっとした意識の変化が必要なのだろうと思う。何でもよいので、自発的な行動を含む生活を習慣化させるのである。しかし現代の私たちは、スマートフォンやゲームなどで、一方的に情報を受け取るだけの生活に慣れてしまっている。こうした情報機器に囲まれる生活は問題であり、早急な改善が望まれる。

1 上の小論文の主張と根拠の内容として、最も適切なものを次から選びなさい。

ア　社会の変化の受容と柔軟な対応の必要性を根拠に、飛行機人間とグライダー人間が共存する方法を主張している。
イ　ＩＴ社会における人々の生活習慣と意識の変化を根拠に、グライダー人間の必要性を主張している。
ウ　ＩＴ化が進んでめまぐるしく変化する社会になっていることを根拠に、生活習慣の改善を主張している。
エ　ＩＴ社会や変化する時代に対応するために必要な能力であることを根拠に、飛行機能力の重要性を主張している。

〔　　〕

2 上の小論文には、表記の誤りがある。誤った表記を漢字一字で抜き出し、正しく書き直しなさい。

誤［　　］→正［　　］

3 上の小論文について、生徒が評価している。最も適切な評価をしている生徒を次から選びなさい。

生徒Ａ：最初の段落で主張の根拠をしっかり述べているね。でも「～だろうか」という表現を多用していて、自分の意見に自信がない印象を受けるな。「～である」と言い切ったほうがいいね。
生徒Ｂ：前半は課題文の内容を的確に押さえて主張と根拠を説明できているね。でも、最後の段落はテーマに沿った内容からずれてしまっているな。全体の主張を再提示してまとめたほうがいいね。
生徒Ｃ：文章の最初で、自分の主張が明確に示されているね。でも、根拠の内容が課題文の筆者の考えと全く同じではないかな。もっと独創性を出したほうがいいね。
生徒Ｄ：内容の重複がなく、首尾一貫した主張が展開されていて、読みやすいね。でも、解決策が具体的でないので、もっと具体的に書いたほうがよさそうだね。

生徒〔　　〕

学習目標　文章構成の方法、文と文をつなぐ方法やその種類について理解する。

文章構成の型・主な接続の方法と種類

教科書 p.282〜p.283

検印

文章構成の型　知識・技能

1 次の各文の構成は、「演繹《えんえき》」「帰納」のどちらか。「演繹」であればア、「帰納」であればイで答えなさい。

①Aさんは猫も犬も鳥も好きである。したがって、Aさんは動物が好きなのだろう。〔　〕

②大豆にはさまざまな栄養素が含まれている。だから、大豆製品である納豆や豆腐は栄養価が高いはずだ。〔　〕

③彼女はピアノもバイオリンも弾ける。だから、音楽は得意だろう。〔　〕

2 次の文章の各文は、三角ロジックの中の何にあたるか。あとのア〜ウからそれぞれ選びなさい。

①朝食は毎日食べたほうがよいと思う。②なぜなら、朝食を抜くと健康によくないからだ。③実際、朝食を抜くと生活習慣病のリスクが高くなることが明らかになっている。

ア データ　**イ** 理由付け　**ウ** 主張

①〔　〕②〔　〕③〔　〕

3 次の文から類推できることとして適切なものを、あとのア〜ウから選びなさい。

彼はスケートボードが得意だ。

ア 父親がスケートボードの選手だからだろうか。

イ スノーボードも得意だろう。

ウ 将来の夢はプロのスケートボーダーになることだろう。

〔　〕

主な接続の方法と種類　知識・技能

1 次の各文の空欄に、接続表現を補いなさい。

①もうすぐ春ですね。〔　〕、勉強は順調に進んでいますか。

②昨日は早く帰った。〔　〕、雨が降りそうだったからだ。

③環境問題が深刻だ。〔　〕、リサイクルに努めることにした。

④ヨーグルトはおいしい。〔　〕、栄養価も高い。

⑤完璧に仕上げたつもりだった。〔　〕、ミスを指摘された。

①〔　〕②〔　〕③〔　〕

④〔　〕⑤〔　〕

2 次の各文の関係は、「類比」「対比」のどちらか。「類比」であればア、「対比」であればイで答えなさい。

①前回のテストはひどい結果だった。しかし必死で勉強した甲斐もあり、今回のテストは納得のいく結果だった。〔　〕

②スポーツも基礎練習をしっかりしないと上達しない。学校の勉強も基本をしっかり復習するところから始めるべきだ。〔　〕

3 次の各文の接続の種類として適切なものを、あとのア〜オからそれぞれ選び、記号で答えなさい。

①試合に負けた。だから、練習方法を見直す必要がある。〔　〕

②雨が降ってきた。私の気持ちも沈んだ。〔　〕

③兄は背が高い。また、肩幅も広い。〔　〕

④寂しい気持ちになった。なぜなら卒業式が近いからだ。〔　〕

ア 理由　**イ** 逆接　**ウ** 添加　**エ** 類比　**オ** 順接